La Civilisation islamo-chrétienne

Son passé, son avenir

Richard W. Bulliet

La Civilisation
islamo-chrétienne

Son passé, son avenir

traduit de l'américain par Paul Chemla

Flammarion

Dans la même collection

Kristin Ross, *Rouler plus vite, laver plus blanc. Modernisation de la France et décolonisation au tournant des années 60.*

Slavoj Žižek, *Bienvenue dans le désert du réel.*

Titre original : *The Case for Islamo-Christian Civilization*
Copyright © 2004 by Columbia University Press
© Éditions Flammarion, 2006.
ISBN : 2-08-210521-0

PRÉFACE

Quelques jours après la destruction du World Trade Center dans l'attentat terroriste du 11 septembre 2001, le vent soufflait du sud. Dans mon appartement du nord de Manhattan, nous sentions l'odeur de l'incendie. Comme la plupart des Américains, j'ai éprouvé un besoin irrépressible de me rendre utile. C'est pourquoi j'ai écrit ce livre.

S'il est fondé sur ma carrière professorale, ce n'est pas à proprement parler un ouvrage d'érudition. J'espère que les points de vue que j'y avance n'intéresseront pas les seuls spécialistes, mais plusieurs publics différents. Ses quatre chapitres ne constituent pas un exposé historique continu. Chacun contribue à éclairer l'idée qu'exprime le titre : en dépit de l'hostilité qui les a souvent opposés, l'Islam et l'Occident ont des racines communes et partagent une bonne partie de leur histoire. Leur affrontement actuel n'est pas dû à des différences de fond, mais à la volonté tenace et délibérée de nier leur parenté.

Le premier chapitre est une version augmentée d'un article théorique que j'ai écrit vers 1970. Je l'ai alors rangé dans un tiroir, en me disant que certaines idées sont si vastes qu'il vaut mieux qu'elles soient émises par des hommes à barbe blanche. J'en ai une à présent, et je me rapproche du grand âge bien plus vite que je ne veux me l'avouer. Les analyses du chapitre 2 sont entrées en gestation un peu plus tard, quand j'ai compris que le retour de l'islam en tant que force politique n'était pas seulement l'événement majeur du monde musulman contemporain, mais qu'il avait des causes historiques claires – qu'il répondait en fait à une nécessité. Encore quelques années, et la Révolution iranienne a confirmé ces intuitions ; depuis, je n'ai cessé de suivre de très près la politique islamique. Le chapitre 3 a un double ancrage : mes années d'étudiant dans la jeune discipline des études moyen-orientales, et mon expérience dans la Middle East Studies Association, dont j'ai été le secrétaire exécutif de 1977 à 1981. Le chapitre 4 doit son inspiration et son titre à un livre que j'ai publié en 1994.

Je suis très redevable à plusieurs personnes qui ont fait d'utiles commentaires sur ce texte : Mark Bulliet, Lucie Bulliet, Mohsen Ashtiany, Lisa Anderson, Ze'ev Magen et Mia Bloom.

Richard W. Bulliet,
mars 2004.

Chapitre 1

LA CIVILISATION ISLAMO-CHRÉTIENNE : UNE RÉALITÉ

On ne peut pas pleinement comprendre le passé et l'avenir de l'Occident sans prendre en compte la relation qu'il entretient avec son jumeau, l'Islam, depuis quatorze siècles. Et c'est vrai aussi du monde musulman.

Les mots que nous employons ont un pouvoir terrifiant. L'expression « choc des civilisations » le montre bien. Elle a été introduite par le professeur de Harvard Samuel Huntington en titre d'un article de 1993 dans *Foreign Affairs*[1]. Aussitôt, commentateurs et spécialistes se sont divisés en partisans ou adversaires de sa phraséologie, en fondant généralement leur opinion sur la force rhétorique du titre plus que sur le détail du raisonnement. En déployant ces trois mots au moment propice, et sous des auspices respectés, Huntington a fait basculer le discours du conflit au Moyen-Orient, dominé depuis l'époque de Nasser, dans les années 1950 et 1960, par la rhétorique du nationalisme et de la guerre froide. La nouvelle formule prenait des proportions quasi cosmiques : la foi islamique, ou plus précisément la communauté musulmane mondiale qui la professe, contre la culture occidentale contemporaine dans ses diverses nuances, chrétienne, juive et humaniste laïque. Quel coup rapide et fatal une expression bien choisie peut porter à notre capacité de voir la réalité !

Soyons justes : Huntington ne reproche aucune position religieuse précise à cette « civilisation islamique » destinée, selon lui, à affronter l'Occident au XXIe siècle. Son raisonnement repose sur une comparaison entre une « civilisation occidentale » idéalisée, fondée sur la démocratie, les droits de l'homme, la libre entreprise et la mondialisation, et les structures politiques, économiques et sociales d'autres régions du monde qui lui paraissent peu sympathiques, hostiles et incapables de s'améliorer. Cette façon de penser n'est pas très éloignée des théories du progrès planétaire vers la modernité incarnée par l'Occident contemporain, si populaires dans le quart de siècle qui a suivi la Seconde Guerre mondiale. Mais la version de Huntington corrige une erreur de ces premières doctrines de la « modernisation ». Les théoriciens des années 1950-1960 pensaient, en général, que celle-ci allait reléguer la religion à un rôle insignifiant dans la vie publique. Or la poussée du militantisme politique islamique, qui a atteint une première crête avec la Révolution iranienne de 1979, a montré l'inconsistance de ces prévisions, donc ouvert la voie à la réintroduction par Huntington d'une terminologie religieuse — certes vide de toute réflexion d'ordre religieux — dans une anticipation plus pessimiste des événements à venir.

Mais priver de contenu religieux les termes religieux n'est pas facile. Tant les défenseurs que les détracteurs de l'idée huntingtonienne de « choc des civilisations » ont pris, au moins par moments, l'expression « civilisation islamique » au sens confessionnel. Coïncidence : la même expression apparaît dans le titre d'un livre de 1926 : *Young Islam on Trek : A Study in the Clash of Civilizations*[2]. Son auteur, Basil Mathews, était secrétaire à la propagande de l'Alliance mondiale des YMCA[3], mais sa vision de l'islam, guère originale à l'époque, impressionnerait aujourd'hui de nombreux admirateurs de Huntington par son parfait accord avec le goût du jour :

> Le système [l'islam] est militaire par essence. Le credo est un cri de guerre. La récompense d'un Paradis peuplé de jeunes filles pour qui meurt au combat, le butin pour les survivants, la joie de la bataille et de la victoire enthousiasment l'Arabe des tribus. La discipline de la prière cinq fois par jour est un roulement de tambour, le cri du muezzin sur le minaret une sonnerie de trompette. L'égalité de la confrérie, c'est l'égalité et l'esprit de corps des simples soldats. Le Coran, ce sont des ordres militaires. Tout est clair, tranchant, ordonné – des hommes fondus et soudés par le feu et la discipline en une seule épée conquérante[4].
>
> Pouvons-nous avoir un islam libéral ? La Science et le Coran peuvent-ils s'entendre ? [...] Une conviction grandit : la réconciliation est impossible. L'islam vraiment libéral n'est qu'un unitarisme non chrétien. Fondamentalement, ce n'est plus l'islam. C'est une religion qui peut garder la foi en Dieu, mais ce Dieu n'est pas l'Allah du Coran, Mahomet n'est pas son Prophète ; car elle annule le système de fer que Mahomet a créé[5].

Les partisans de Huntington – sauf s'ils sont chrétiens évangéliques – ne seraient évidemment pas d'accord avec toutes les idées de Mathews. Missionnaire, celui-ci croit fermement que le christianisme protestant peut être, comme il dit, « une Voix qui donnera [aux jeunes musulmans] un Maître Mot pour vivre leur existence personnelle et construire un ordre nouveau dans leurs pays ». Curieusement, sa critique de l'Occident fait écho à certaines voix du « revivalisme islamique », ce qui montre que ce genre d'idées peut s'enraciner dans un terreau autre que musulman :

> La civilisation occidentale ne pourra jamais les mener au but. Obsédée par la prospérité matérielle, obèse d'abondance industrielle, ivre des miracles de son avance scientifique, aveugle aux richesses spirituelles et sourde à la

Voix intérieure car trop attentive au bruit extérieur, la civilisation occidentale peut détruire l'ancien dans l'islam mais ne peut pas apporter le nouveau.

Quand la sirène stridente de l'usine aura noyé la voix du muezzin, quand la cheminée fumante aura rejeté le minaret dans l'ombre, obscurci le ciel et empoisonné l'air, le jeune islam ne se sera en rien rapproché du Royaume de Dieu. Ses bandits auront simplement délaissé les routes caravanières pour d'autres terrains plus sûrs et plus rentables : les affaires et le militarisme.

Telles qu'elles sont aujourd'hui, avec leur myopie, leur esprit sectaire, les systèmes ecclésiastiques auxquels elles sont liées, les Églises de la chrétienté ne peuvent pas non plus conduire au but les peuples musulmans. Même si on les transférait *en bloc* dans le monde islamique, elles ne le sauveraient pas. Elles n'ont pas sauvé leur propre civilisation. Elles n'ont pas christianisé la politique étrangère de leurs propres pays dans leurs rapports avec les peuples musulmans. Elles n'ont pas purifié le commerce occidental, qui vend à l'Orient et s'enrichit de ses puits de pétrole, mais détourne le regard quand l'Arménien, volé, battu, gît dans le fossé du malheur[6].

Je n'entends pas suggérer par ces citations que Huntington a emprunté à Mathews son titre ou ses idées, et encore moins son style. Le penseur de la YMCA, qui n'a pas laissé un souvenir impérissable, déployait la rhétorique habituelle du missionnaire protestant de son temps. À l'optimisme et au zèle religieux de Mathews, Huntington substitue le pessimisme et la combativité dans la défense des valeurs occidentales laïques. En fait, Mathews avait choisi son titre par allusion – en plus musclé – à celui d'un livre bien plus connu d'Arnold Toynbee, publié trois ans plus tôt, *The Western Question in Greece and Turkey : A Study in the Contact of Civilizations*[7]. Mais, malgré toutes les différences, ce recours à la même expression chez Mathews et Huntington pour parler fondamentalement du même sujet prouve que l'angoisse ressentie par beaucoup d'observateurs américains du monde musulman depuis la Révolution iranienne n'est pas entièrement nouvelle. Les missionnaires protestants, plus nombreux que toute autre catégorie d'Américains dans les pays non occidentaux, et à l'origine de l'essentiel de la pensée américaine sur l'Asie et l'Afrique avant la Seconde Guerre mondiale, nourrissaient pour l'islam un mépris à peine déguisé qui plane encore à l'arrière-plan des débats actuels, toujours plus venimeux, sur « l'Islam et l'Occident ».

Reprise par Huntington, l'expression « choc des civilisations » a réussi à condenser toute une gamme de sentiments qui se cherchaient un slogan depuis le jour où Khomeyni a renversé le shah. D'autres avaient prétendu au rôle sans convaincre : « croissant de crise », « arc d'instabilité », « révolution islamique ». Il n'y avait guère de désaccord, du moins au niveau de flou où se situent généralement les positions de politique étrangère, sur le phénomène qu'il fallait nommer ; mais le comprimer en un seul vocable se révélait épineux. La formule « choc des civilisations » a enflammé les esprits parce qu'elle était dynamique, interactive et permettait, dans l'exposé de Huntington, d'esquiver l'ennuyeuse nécessité de donner des définitions précises et de tracer des frontières. Elle n'était pas ouvertement bigote ou raciste, et l'apparente profondeur de son équilibre dialectique entre le bien et le mal lui donnait même un petit air hégélien. Confortée par le statut prestigieux de son auteur, politologue renommé, et par la réputation de sagacité perspicace dont jouit *Foreign Affairs* aux yeux de ses abonnés, l'expression a remporté la palme.

Mais, au-delà de sa séduction immédiate, elle a un attrait plus profond qui nous ramène à l'époque de Basil Mathews. Les civilisations vouées à l'affrontement ne peuvent pas se chercher un avenir commun. Pour l'islam de Huntington comme pour celui de Mathews, aucune rédemption n'est possible. La cause est entendue. Une

pesanteur fondamentale de la pensée protestante américaine, dont les deux auteurs sont les héritiers, prononce
contre l'islam le même verdict moralisant et sans appel
d'« altérité » qu'elle adressait autrefois aux catholiques
et aux juifs.

Pousser plus loin cette comparaison n'est d'ailleurs
pas sans intérêt. Qu'est-il advenu du farouche refus protestant d'envisager un avenir américain – celui qui s'est
réalisé – où protestants et catholiques seraient bien sûr
en désaccord sur certains points, mais, pour le reste,
vivraient en bonne intelligence et dans le respect
mutuel ? À cet égard, la victoire de John F. Kennedy en
1960 aux primaires démocrates dans l'État très majoritairement protestant de Virginie-Occidentale a été symbolique : elle a prouvé que le peuple américain était moins
porté à exclure que ses prédicateurs et ses théologiens.
Et que dire de l'antisémitisme protestant, qui a si grave-
ment limité les options des juifs américains en matière
de lieux de résidence, d'études, de professions, et permis
que l'on considère comme un grand homme un antisémite
aussi virulent que Henry Ford ? Depuis les années 1950,
la réalité de la Shoah et les sinistres conséquences de
l'antisémitisme européen devenant toujours plus visibles,
l'expression « civilisation judéo-chrétienne » s'est imposée rapidement. Issue d'un arrière-plan philosophique
douteux – dans *L'Antéchrist*, Nietzsche avait utilisé avec
mépris l'adjectif « judéo-chrétien », qu'il appliquait aux
mauvais côtés de la société –, elle est devenue la parfaite
expression d'un nouveau sentiment d'ouverture à l'égard
des juifs et de répudiation totale de la barbarie nazie
par les chrétiens. Aujourd'hui, nous utilisons l'expression
presque instinctivement, dans nos manuels, notre discours politique et la façon dont nous nous présentons aux
autres dans le monde.

L'acceptation unanime de « civilisation judéo-chrétienne » comme synonyme de « civilisation occidentale »

montre bien que le passé ne dicte pas l'avenir. Quiconque a la moindre lumière sur les deux mille ans de rapports entre les chrétiens et les juifs sait combien il est paradoxal d'englober sous un même terme deux communautés religieuses qui ne se sont vraiment pas entendues pendant l'essentiel de cette période. Si des instituts de sondage célestes interrogeaient les dignitaires juifs et chrétiens morts depuis des siècles, la répugnance pour l'expression serait probablement majoritaire dans les deux camps.

Un historien pourrait répondre que sur le fond la formule est amplement justifiée. Les Écritures saintes et les préoccupations théologiques qu'elles partagent, leur interaction continue dans la société, leurs contributions respectives à ce qui, à l'époque moderne, est devenu un fonds commun de pensées et de sentiments offrent des bases solides aux communautés chrétiennes et juives euro-américaines pour proclamer leur solidarité de civilisation. Cela dit, les liens scripturaires et doctrinaux ne sont pas plus étroits entre judaïsme et christianisme qu'entre judaïsme et islam ou christianisme et islam ; et les historiens sont tout à fait conscients des considérables apports des penseurs musulmans au fonds commun de la pensée scientifique et philosophique du Moyen Âge tardif, auquel les juifs et les chrétiens d'Europe ont ensuite puisé pour créer l'Occident moderne. Entre l'Islam et l'Occident, les contacts n'ont jamais manqué non plus. Pendant des siècles, en dépit des périodes de guerre, les marchands européens ont activement commercé avec les musulmans sur les rives méridionale et orientale de la Méditerranée, et l'imaginaire européen a longtemps brui d'histoires de Maures, de Sarrasins et de fantasmes orientaux. Politiquement, quatorze des trente-quatre pays européens d'aujourd'hui ont été, à un moment ou à un autre, totalement ou partiellement gouvernés par des musulmans pour un siècle ou davantage. Leurs historiens voient parfois dans ces périodes de pouvoir musulman des anomalies, des trous inexplicables dans ce qui aurait dû être un passé chrétien continu, ou d'effroyables épisodes d'oppression de tous les instants, illustrés en général par un petit nombre de cas. En réalité, la plupart de ceux qui ont vécu sous ces régimes musulmans s'étaient faits à cette idée et à la perspective culturelle qui l'accompagnait, et vivaient paisiblement au quotidien.

Notre volonté actuelle de voir à toute force des divergences de fond entre l'Islam et l'Occident, ce que Huntington appelle des « différences de civilisation », rend vie à un sentiment très ancien. Résurrection catalysée, comme autrefois, par des événements spectaculaires. La chute du shah d'Iran, l'ami des États-Unis, et l'angoissante prise d'otages du personnel diplomatique américain à Téhéran en 1979 n'ont été que le prélude aux attentats terroristes du 11 septembre 2001 contre le World Trade Center et le Pentagone. Mais elles nous ont laissé vingt ans pour nous alarmer des actes de violence politique de conspirateurs musulmans, censément fondés sur des principes religieux. En arrière-plan, des cataclysmes antérieurs faisaient écho aux événements récents : la chute de Jérusalem, prise aux croisés par Saladin en 1187, la chute de Constantinople, prise aux Byzantins par les Ottomans en 1453, et le siège de Vienne par les Ottomans en 1529, qui a bien failli réussir, ne sont que trois exemples. Au lendemain de chacun de ces événements, on a frissonné d'horreur à l'idée de ce qui pourrait arriver si les musulmans l'emportaient à plus vaste échelle. L'historien Edward Gibbon a donné à cette peur son expression classique au XVIIIe siècle, dans son analyse de ce qui aurait pu se passer si, en 732, un raid sarrasin parti d'Espagne n'avait pas été arrêté par Charles Martel à la bataille de Poitiers : « Les écoles d'Oxford expliqueraient peut-être aujourd'hui le Coran, et du haut de ses chaires on démontrerait à un peuple circoncis la sainteté et la vérité de la révélation de Mahomet [8]. »

Voici comment un pamphlétaire luthérien exprimait ce sentiment en 1537 (beaucoup d'Européens jugeaient alors imminent un nouveau siège de Vienne, peut-être victorieux) :

> Ce qui doit aussi réconforter les chrétiens, c'est qu'ils savent que l'Empire turc est l'ennemi de Dieu et que Dieu ne lui permettra pas de les anéantir. Si Dieu a fait monter en puissance cet empire ces derniers temps pour infliger le plus sévère des châtiments, il ne laissera pas les chrétiens succomber complètement, et Mahomet ne gouvernera pas le monde entier à lui seul. [...] Donc ceux qui luttent contre le Turc peuvent être sûrs [...] que leur combat ne sera pas vain : il servira à enrayer l'avance du Turc pour qu'il ne devienne pas le maître du monde[9].

Ces épisodes passés d'islamophobie ont peut-être fait plus de bien que de mal. Ils ont ressoudé des peuples terrifiés, les ont incités à chercher refuge dans leur foi religieuse, et les réactions militaires auxquelles ils ont contribué idéologiquement n'ont probablement pas été plus sanglantes qu'elles l'auraient été de toute façon. Par bonheur – et en raison de l'antipathie chrétienne pour les étrangers –, il y avait peu de musulmans dans l'Occident chrétien, donc personne à tuer localement lorsque les prédicateurs faisaient déborder la rage anti-islamique chez leurs fidèles. Les juifs, bien sûr, avaient moins de chance quand l'alarme chrétienne s'orientait vers eux, comme c'est si souvent arrivé, par exemple pendant la Peste noire de 1348-1349 : « À l'époque de cette peste, les juifs ont été stigmatisés dans le monde entier, on les a accusés dans tous les pays de l'avoir provoquée en empoisonnant l'eau des puits. [...] Et pour cette raison les juifs ont été brûlés partout, de la Méditerranée à l'Allemagne[10]. »

Mais nous ne vivons plus dans l'isolement médiéval. Des minorités musulmanes nombreuses résident et travaillent dans presque tous les pays du monde, dont la totalité des pays européens, les États-Unis et le Canada. Notre ardeur actuelle à voir dans l'Islam un Autre malveillant est porteuse d'un fort potentiel de tragédie : cela devrait nous mettre en garde contre les formules faciles qui risquent de scinder nos sociétés en camps ennemis. Il y a quelques années, une conseillère du gouvernement belge a rendu visite, avec une équipe de chercheurs, à l'Institut du Moyen-Orient de l'université Columbia. Elle cherchait des idées nouvelles pour amener les musulmans vivant en Belgique à se comporter davantage en citoyens « normaux ». Ils étaient tout à fait les bienvenus dans le pays, précisa-t-elle, mais ce serait sûrement mieux si on les dispersait – quelques-uns ici, quelques-uns là – pour éviter qu'ils ne constituent un groupe social manifestement distinct. Leurs foulards et leurs barbes se verraient moins, et ne viendraient pas perturber la communauté nationale belge. Comme nous nous trouvions dans une salle surplombant Harlem, on lui fit remarquer que les regroupements de communautés distinctes n'étaient pas toujours assimilables à des ghettos. Aux États-Unis, la visibilité sociale des minorités n'est pas seulement une réalité de la vie, mais aussi une source de créativité culturelle. Peut-être, avec le temps, ces habitants à foulard ou à barbe deviendraient-ils aussi une richesse du même ordre pour la Belgique.

Aux États-Unis, la question qui se pose aujourd'hui est simple : après la tragédie du 11 septembre, faut-il se laisser aller à l'islamophobie incarnée par des slogans comme le « choc des civilisations », ou réaffirmer ce que la tradition américaine a de meilleur, le principe d'inclusion ? Les années qui viennent apporteront peut-être des guerres et des désastres au regard desquels tout ce que nous avons déjà subi paraîtra mineur. Il ne faut pas qu'elles apportent aussi la persécution d'une minorité de la population américaine par une majorité furieuse, persuadée que cette minorité appartient à une civilisation religieuse différente et maléfique. Le « choc des civilisations » est une formule à exclure du discours public avant que ceux qui aiment l'employer ne se mettent à y croire vraiment.

« CIVILISATION ISLAMO-CHRÉTIENNE »

À ma connaissance, personne n'utilise ni n'a jamais utilisé l'expression « civilisation islamo-chrétienne ». Et l'idée même qu'elle paraît exprimer, je m'en doute, doit hérisser de nombreux musulmans et chrétiens, tandis que d'autres lecteurs ont relevé avec méfiance que le « judéo » manque. Je ne peux que leur demander à tous de suspendre leur jugement tant qu'ils n'auront pas écouté jusqu'au bout mes arguments en faveur de l'introduction de cette formule.

Mais d'abord, pourquoi pas « civilisation islamo-judéo-chrétienne » ? Si je cherchais à désigner la tradition scripturaire commune à ces trois religions, ce pourrait être une expression acceptable, bien qu'un peu lourde. Mais, en l'occurrence, des formulations comme les « religions abrahamiques », les « enfants d'Abraham » ou le « scripturalisme sémite » font très bien l'affaire. Ce que j'essaie d'exprimer ici, c'est autre chose. Le socle historique commun qui permet de penser la société chrétienne d'Europe occidentale – pas tous les chrétiens du monde – et la société musulmane du Moyen-Orient et d'Afrique du Nord – pas tous les musulmans du monde – comme appartenant à une seule et même civilisation ne se limite pas à la tradition des Écritures. Cette relation historique islamo-chrétienne diffère aussi, très nettement, de la relation historique judéo-chrétienne, plus occultée que célébrée par l'expression « civilisation judéo-chrétienne ». Les chrétiens et les juifs d'Europe – quand il s'agit des origines de l'Occident, nul ne pense aux juifs du Yémen ni aux chrétiens d'Éthiopie – partagent une histoire de cohabitation qui a été plus souvent tragique que constructive et qui a culminé dans l'horreur de la Shoah. La cohabitation entre musulmans et chrétiens d'Europe occidentale a été beaucoup moins intense. Au lieu du partage inégalitaire d'un espace physique, social et politique qui sous-tend la relation judéo-chrétienne en Europe, et qu'il peut être instructif de comparer à la relation historique judéo-musulmane au Moyen-Orient et en Afrique du Nord, la formule « civilisation islamo-chrétienne » désigne l'entrelacement prolongé et crucial de sociétés sœurs qui jouissent de la souveraineté dans des régions géographiques voisines et suivent des trajectoires historiques parallèles. Aucun de ces deux parcours, ni le musulman ni le chrétien, ne peut être pleinement compris hors de sa relation à l'autre. Si la « civilisation judéo-chrétienne » a des racines historiques spécifiques *à l'intérieur* de l'Europe et en réaction aux catastrophes des deux derniers siècles, la « civilisation islamo-chrétienne » a des racines historiques et géographiques différentes, et d'autres implications pour nos angoisses civilisationnelles d'aujourd'hui.

Notons aussi qu'il y a deux autres civilisations à trait d'union qui méritent d'être étudiées, mais que nous n'aborderons pas ici. Une analyse de la « civilisation judéo-musulmane » se concentrerait sur les liens scripturaires, juridiques et rituels entre ces deux confessions, sur les communautés juives dans les pays musulmans et leur littérature en judéo-arabe et en judéo-perse, et sur l'exceptionnelle fécondité des influences mutuelles, intellectuelles et religieuses, dont les œuvres des penseurs juifs et musulmans de l'Espagne islamique sont le plus beau fleuron. Beaucoup de savants travaux ont déjà été consacrés à ces thèmes, bien qu'on ne les ait pas classés sous la rubrique « civilisation judéo-musulmane ». Le second trait d'union lierait l'islam au christianisme orthodoxe dans ce que l'on pourrait nommer la « civilisation byzantino-musulmane » (Oswald Spengler a préféré le terme « magique » dans *Le Déclin de l'Occident*[11]). Si les chrétiens latins − sauf en Espagne − n'avaient guère d'expérience directe de la société musulmane, beaucoup de chrétiens orthodoxes ont vécu pendant des siècles, dans des conditions discriminatoires, en terre d'islam. Donc, les penseurs musulmans ont eu peu de contact avec la vie intellectuelle d'Europe occidentale, mais ont largement puisé dans l'héritage grec préservé par le christianisme orthodoxe, et les diverses communautés chrétiennes d'Orient sont entrées dans la période moderne avec des attitudes envers l'islam profondément différentes de celles de l'Europe occidentale. Mais je laisserai cette analyse à d'autres.

Avant d'entreprendre mon argumentaire en faveur de la civilisation islamo-chrétienne − il est temps de supprimer les guillemets −, il convient de préciser les conséquences générales de l'usage d'une telle expression. La première est de rendre le « choc des civilisations » de Huntington absurde par définition. Si les sociétés musulmanes du Moyen-Orient et d'Afrique du Nord et les sociétés chrétiennes d'Europe occidentale et d'Amérique sont pensées comme appartenant à la même civilisation, les conflits entre les deux éléments qui constituent cette civilisation unique apparaissent automatiquement comme des luttes intestines, historiquement analogues aux affrontements passés entre catholicisme et protestantisme. Quel que soit le degré d'hostilité qui oppose les parties, l'hypothèse d'un héritage commun interdirait de les concevoir comme des civilisations différentes et il serait donc plus facile d'imaginer leur réconciliation finale. La Russie « rejoignant » l'Europe après la chute de l'Union soviétique offre un point de comparaison. Le sang est plus épais que l'eau bénite.

Deuxièmement, il ne serait plus pertinent de se demander (comme on le fait aujourd'hui) si les musulmans sont capables de s'élever au niveau de la civilisation occidentale, voire de la civilisation tout court dans l'esprit de certains. Les critiques occidentaux de l'islam ne cessent de proposer des « tests au tournesol » de civilisation. L'islam répond-il, ou est-il en voie de répondre, aux critères occidentaux sur l'égalité des sexes ? Peut-il penser les droits de l'homme en des termes suffisamment proches des conceptions occidentales pour être jugés civilisés ? Les musulmans se font-ils de la tolérance religieuse et de la laïcité une idée assez voisine des idéaux occidentaux pour être admis dans le club des civilisés ? Les tests de ce genre, qui oublient délibérément l'échec atterrant de la plupart des sociétés occidentales à respecter ces mêmes critères ne serait-ce qu'il y a cent ans, sont utilisés comme des instruments rhétoriques visant à conclure à la déficience de l'islam.

Aujourd'hui encore, tant dans le judaïsme que dans le christianisme, des îlots de pratiquants professent des idées antilibérales qui s'écartent considérablement des normes égalitaires et laïques que les aspirants croisés occidentaux du « choc des civilisations » ont inscrites sur leurs drapeaux : ils limitent la liberté des femmes en matière de comportements et de choix de vie, souhaitent que l'État prenne fait et cause pour les organisations religieuses, voire attendent avec espoir une théocratie messianique imminente. Les lamentables attitudes de *certaines* organisations musulmanes en matière d'intolérance et de restriction des libertés ont pratiquement toutes un pendant chez *certaines* organisations chrétiennes et juives, ou d'ailleurs chez *certains* laïques occidentaux postreligieux. Mais puisque juifs, chrétiens et laïques occidentaux se sont autoproclamés membres fondateurs du club de la civilisation, les aberrations idéologiques ou comportementales − du point de vue de la majorité − de telle ou telle organisation chrétienne ou juive ne remettent pas en cause l'inclusion globale de leurs traditions religieuses dans la civilisation. Le christianisme et le judaïsme passent par définition les tests civilisationnels proposés pour l'islam, même si certains de leurs adeptes dictent des codes vestimentaires aux femmes, interdisent les boissons alcoolisées, exigent la prière dans les écoles publiques, persécutent homosexuels et lesbiennes et vouent à l'enfer et à la damnation les fidèles des autres religions. Les musulmans de toute tendance, en revanche, sont accusés d'avoir partie liée, du fait même de leurs croyances religieuses, avec les pires comportements dont font preuve certains de leurs coreligionnaires. Jim Jones, David Koresh et Meir Kahane[12] ne sont pas les archétypes du christianisme et du judaïsme aux yeux de l'Occident civilisé, mais celui-ci est prompt à voir Oussama Ben Laden et le mollah Omar comme les archétypes de l'islam.

Ce qui nous empêche de théoriser une civilisation islamo-chrétienne, c'est un grand récit historique ancré dans quatorze siècles de peur et de polémique, et, bien sûr, l'état d'esprit actuel de beaucoup d'Occidentaux, persuadés qu'il y a quelque chose de « mauvais » dans l'islam. Je propose d'examiner d'abord d'assez près le premier problème (le grand récit ancestral), en réservant l'autre (ce qui ne va pas dans l'islam − si quelque chose ne va pas) pour mon chapitre suivant. S'il est possible d'avancer des arguments convaincants pour re-raconter les quatorze derniers siècles dans la perspective d'une civilisation islamo-chrétienne, cela facilitera l'analyse des événements récents au Moyen-Orient et de la crise d'autorité que traverse aujourd'hui l'islam.

Les objections superficielles à l'idée même de réécrire l'histoire de cette façon-là ne manquent pas. En voici quelques-unes, qui semblent nous interdire de souder le passé musulman et celui de la Chrétienté latine.

— *La discordance chronologique :* Mahomet a vécu sept cents ans après le Christ.

— *L'hostilité invétérée :* l'Islam a attaqué à maintes reprises la Chrétienté et a fait preuve d'une inimitié constante envers les chrétiens.

— *L'expérience chrétienne :* les chrétiens qui ont affronté l'Islam au fil des siècles l'ont toujours considéré comme une puissance étrangère et ennemie.

— *L'erreur scripturaire :* les nombreux récits que partagent le Coran et la Bible sont inexacts ou déformés dans leur version coranique.

— *La négation de la vérité divine :* l'Islam reconnaît Abraham, Moïse, Jésus et Mahomet comme Messagers de Dieu, mais refuse d'affirmer la divinité du Christ.

— *L'ingratitude :* l'islam n'a jamais reconnu sa dette doctrinale à l'égard du judaïsme et du christianisme et ne les a jamais acceptées comme religions mères (donc supérieures).

Ce type d'obstacles ne résiste pas à l'examen. Prenons la non-concordance des chronologies : personne n'a de mal à comprendre que le christianisme occidental se compose de formes séparées catholique et protestante, bien que plus de quinze siècles séparent la naissance du Christ du jour de 1517 où Martin Luther a cloué ses quatre-vingt-quinze thèses sur la porte de l'église du château de Wittenberg. Une durée à peu près semblable sépare la naissance du Christ du moment où Moïse reçoit les Dix Commandements, mais cela ne nous empêche pas d'user du terme « judéo-chrétien ». Tant qu'une tradition religieuse peut être perçue comme issue d'une autre, ou étroitement apparentée avec elle, la distance dans le temps n'est pas un facteur crucial.

Que dire de la haine invétérée ? Les musulmans se sont-ils battus contre les chrétiens, ont-ils exprimé de la haine envers eux ? Oui, de temps en temps ; et l'autre partie, dans ses actes et ses sentiments, leur a rendu ardemment la pareille. Mais les premiers protestants n'ont-ils pas, eux aussi, accablé les catholiques de leur haine et de leur mépris, ne leur ont-ils pas livré des guerres incroyablement sanglantes ? Et les fondateurs du protestantisme n'ont-ils pas coupé les ponts avec la scolastique, que prêtres et moines catholiques avaient mis des générations à édifier, et n'ont-ils pas stigmatisé toute cette construction ? De même, les premiers chrétiens n'ont-ils pas méprisé les juifs pour avoir refusé de reconnaître leur Messie, et n'ont-ils pas déclaré que l'immense accumulation d'enseignements juridiques et moraux du Talmud ne comptait plus, en raison de l'avènement d'une loi nouvelle en la personne de Jésus-Christ ? Et les juifs ne leur ont-ils pas rendu ce mépris, n'ont-ils pas fustigé ceux d'entre eux qui abandonnaient la loi pour devenir chrétiens ? Ces liens de proche parenté entre protestantisme et catholicisme et entre christianisme et judaïsme que consacre notre grand récit de la civilisation judéo-chrétienne ne dépendent pas plus du respect mutuel et des relations pacifiques que de la chronologie. Protestants et catholiques ont bien pu s'étriper autrefois, les chrétiens ont bien pu massacrer et traîner dans la boue les juifs, et ne leur inspirer en retour qu'effroi et mépris, notre certitude – aujourd'hui – de la parenté civilisationnelle entre protestants, catholiques et juifs est imperméable à ces malheureux souvenirs historiques.

Il apparaît donc que, si nous n'incluons pas l'Islam dans notre « club de la civilisation », c'est essentiellement parce que nous sommes les héritiers d'une construction chrétienne de l'histoire qui cherche délibérément à l'exclure. La Chrétienté occidentale considère l'Islam comme un Autre malveillant depuis des siècles, et a inventé un certain nombre de raisons pour justifier ce point de vue. Mais ces raisons sont venues après l'hostilité. L'évolution des portraits de l'islam en Occident au fil des siècles montre bien que les raisons de ne pas l'aimer sont des rationalisations à l'appui d'une animosité préexistante et persistante, et non le fondement de l'antipathie. Nous sommes toujours dans la même logique aujourd'hui. Depuis le 11 septembre 2001, nous avons pu lire dans la presse que, selon un pasteur protestant, Mahomet était un pédophile possédé par le démon, et entendre à d'innombrables reprises que l'islam est une religion du terrorisme. Ces assauts verbaux ne doivent rien aux litanies anti-islamiques antérieures. Les divagations antimusulmanes actuelles cherchent moins à réintroduire les canards islamophobes du passé, comme l'assimilation de Mahomet à un démagogue menteur, qu'à trouver de nouveaux fondements aux vieilles haines. Mais, dans le contexte actuel, la satisfaction affective que procure à certains publics cette entreprise de mise à jour et de reconditionnement de l'islamophobie traditionnelle ne vaut pas le risque de plonger le monde dans une série de guerres, ni de nourrir la stigmatisation d'un important pourcentage de la population américaine.

Ce qui s'impose pour restructurer en profondeur la pensée occidentale sur les rapports avec l'islam, c'est un regard neuf sur l'histoire. Je vais tenter de l'esquisser dans les sections suivantes de ce chapitre. Le développement historique de la Chrétienté occidentale et celui de l'Islam sont si étroitement parallèles que la meilleure façon de penser ces deux communautés confessionnelles est de voir en elles deux versions d'un système socio-religieux commun, exactement comme les christianismes orthodoxe et occidental sont perçus comme deux versions du même système socio-religieux. Pendant huit siècles, leurs trajectoires de développement les ont menées dans la même direction, et se sont parfois pratiquement confondues.

Les chrétiens latins et les musulmans moyen-orientaux se sont heurtés à des défis communs dans des cadres chronologiques parallèles. Mais ils y ont réagi différemment, ce qui a eu des conséquences sur la façon dont ils ont répondu aux défis suivants. Les divergences se sont accumulées, et elles ont contribué à séparer leurs chemins, dissociation qui est devenue évidente entre le XIVe et le XVIe siècle. À partir de cette époque, la Chrétienté occidentale, avec ses colonies d'outre-mer, et l'Islam, englobant désormais de très vastes sociétés musulmanes hors du Moyen-Orient, ont suivi des trajectoires qui se sont écartées très nettement, comme des frères jumeaux presque indistinguables dans l'enfance mais qui, devenus adultes, ont des personnalités distinctes et pas nécessairement compatibles. Si, dans les siècles antérieurs, les traditions sœurs avaient eu un parcours étonnamment semblable, après 1500 elles ont commencé à agir en rivales dans un drame d'ampleur planétaire. Néanmoins, elles ont rivalisé sur des modes qui montraient encore qu'elles étaient sœurs et qu'elles opéraient au sein d'un système commun, la civilisation islamo-chrétienne.

LES SŒURS MARCHENT D'UN MÊME PAS :
LES PREMIERS SIÈCLES

De 632 à 711, les armées arabes, porteuses de la révélation reçue de Dieu par Mahomet, ont vaincu de nombreux ennemis – Perses, Byzantins, Wisigoths – et pris le pouvoir sur un immense territoire qui s'étendait du nord de l'Espagne au sud du Pakistan. En Égypte et plus à l'est, les terres qui, au VIIe siècle, ont été intégrées au Califat – c'est ainsi que les historiens appellent l'Empire musulman, en raison du titre que portait son souverain – avaient autrefois fait partie de l'empire d'Alexandre le Grand. Elles avaient donc été influencées en profondeur par les modes de vie et les philosophies grecs, sous les généraux et rois grecs, macédoniens et perses qui les avaient gouvernées après la mort d'Alexandre en 323 av. J.-C. À l'ouest de l'Égypte, le Califat comprenait des régions de l'Afrique du Nord, de la péninsule ibérique et du midi de la France qui appartenaient jusque-là à l'Empire romain. Là aussi, les artistes, écrivains et dirigeants politiques romains avaient vu dans la culture grecque un modèle à imiter. Il est donc juste de dire que les conquêtes des musulmans, inspirés par leur prophète arabophone, les ont confrontés au défi de gouverner, et de gagner, une population dont les couches sociales supérieures avaient une orientation culturelle essentiellement gréco-romaine. C'est précisément le défi que les premiers chrétiens, inspirés par la vie et la mort de leur Messie de langue araméenne, avaient dû affronter quelques siècles plus tôt.

L'expérience antérieure du christianisme a créé certaines des conditions de l'essor de l'islam, car ce sont les plus grandes communautés chrétiennes de l'époque qui sont soudain tombées au pouvoir des musulmans. Quelle proportion de la communauté chrétienne totale habitait l'Espagne, l'Afrique du Nord, l'Égypte, le Levant (la rive orientale de la Méditerranée), la péninsule Arabique, la Mésopotamie et l'Iran ? Il est difficile d'avancer un chiffre précis, mais ces territoires comprenaient trois des quatre patriarcats – Jérusalem, Alexandrie et Antioche – et avaient donné au christianisme l'écrasante majorité de ses grands auteurs et penseurs, dont Jésus et ses douze disciples, les juifs palestiniens et syriens qui ont écrit les Évangiles et les épîtres du Nouveau Testament, l'Égyptien saint Antoine, pionnier du monachisme, les évêques d'Alexandrie et d'Antioche qui ont élaboré les grandes formulations sur la Sainte Trinité et la personne du Christ, et toute une série d'influents théologiens nord-africains dont le plus impressionnant est saint Augustin.

Certes, l'Anatolie et la Grèce avaient d'importantes communautés chrétiennes et n'ont pas été conquises ; Constantinople était une grande métropole chrétienne et le siège d'un patriarcat. Mais ces communautés, dont la langue cultuelle était le grec et qui n'obéissaient pas aux papes de Rome mais aux patriarches d'Orient, n'ont joué qu'un rôle négligeable dans le développement de la Chrétienté latine, qui nous apparaît aujourd'hui comme le noyau historique de la civilisation judéo-chrétienne ou occidentale. Certaines autres communautés chrétiennes qui ont échappé à la conquête musulmane, notamment les Arméniens, les Géorgiens et les Éthiopiens, sont restées encore plus coupées de la suite des événements dans l'Occident latin.

Quel a donc été l'apport des sept siècles d'avance du christianisme sur l'islam pour les territoires centraux de la future civilisation occidentale, ou judéo-chrétienne ? Plus une somme de réflexion religieuse et d'expérience institutionnelle (tout aussi accessible aux musulmans, par l'intermédiaire de leurs sujets chrétiens ou des chrétiens convertis à l'islam) qu'une société chrétienne de masse déjà convertie, organisée et gouvernée. Les musulmans et les chrétiens latins qui cherchaient à étendre leur foi au VIIe siècle partaient les uns et les autres de bases démographiques et territoriales très réduites. En cette année 711 où les musulmans ont conquis l'essentiel de l'Espagne, la plupart des habitants d'Europe occidentale, hors d'Italie et de certaines régions christianisées de France – c'est-à-dire le gros de la population de l'Allemagne, de la Pologne, de la Scandinavie, des îles Britanniques, des Pays-Bas et du nord de la France –, vénéraient encore de nombreux dieux et conservaient des pratiques polythéistes, en privé sinon en public.

En revanche, les fidèles du polythéisme étaient relativement rares sur les terres du Califat. À l'ouest de l'Iran, la plupart des peuples conquis par les Arabes étaient de confession chrétienne ou juive, sous une forme ou sous une autre. En Iran, la religion majoritaire, le zoroastrisme, ne partageait pas la tradition scripturaire à laquelle l'islam s'était apparenté, puisque le Coran désignait les chrétiens et les juifs comme « peuples du Livre » – peuples dont les traditions religieuses étaient fondées sur les Messagers de Dieu Abraham, Moïse et Jésus, qui avaient précédé Mahomet. Les peuples du Livre avaient le droit de conserver leurs rites et ils étaient protégés par l'État en échange du versement d'impôts spéciaux et du respect de certaines restrictions sur leur comportement social et religieux. Mais le zoroastrisme ressemblait au christianisme et au judaïsme parce qu'il était fondamentalement monothéiste, disposait d'une structure ecclésiastique et juridique développée et transmettait ses croyances et traditions par le biais d'un texte sacré canonique, l'Avesta, composé au fil des siècles. En pratique, donc, les monarques musulmans n'ont pas traité les zoroastriens très différemment des chrétiens et des juifs. Ils les ont considérés *de facto* comme l'un des peuples du Livre et non comme des polythéistes.

Comparons le processus dit d'« islamisation » – les mutations d'identité religieuse et sociale qui se sont produites graduellement, sur plusieurs siècles, au sein du Califat – et le processus parallèle de « christianisation » qui a eu lieu en Europe occidentale et septentrionale. L'islam s'est trouvé dans une situation différente, et en un sens plus facile. Pour gagner les cœurs des non-chrétiens d'Europe occidentale, le christianisme latin a dû adapter de nombreuses pratiques préchrétiennes – des arbres de Noël à la transformation de certaines divinités en saints chrétiens –, tout en travaillant d'arrache-pied à éradiquer d'autres croyances et rituels. La plupart des non-musulmans qui sont tombés sous la domination politique du Califat, en revanche, étaient déjà tournés vers le monothéisme, vers la religion scripturaire. Le défi polythéiste n'existait que dans les tribus berbérophones des hauts plateaux et des déserts d'Afrique du Nord et chez les Turcs nomades d'Asie centrale. Dans la plupart des régions, des siècles de prédication et d'organisation communautaire chrétiennes, juives et zoroastriennes avaient déblayé le terrain pour un passage en douceur à l'islam. Les six cents ans qui séparent Mahomet de Jésus ont donc permis à l'islam de se répandre plus aisément que le christianisme latin. En termes moraux, doctrinaux et organisationnels, des monothéistes inspirés par les Écritures avaient bien moins de chemin à faire pour se convertir à l'islam que les fidèles européens de Wotan, Thor, Jupiter, Epona, Mercure, et une nuée d'autres dieux dont les cultes n'avaient jamais inspiré de tradition scripturaire comparable, pour passer au christianisme.

Les deux rejetons de la tradition scripturaire judaïque ont commencé à peu près au même moment à construire, par la conversion, des sociétés régionales qui allaient, avec le temps, s'organiser autour de leurs croyances et pratiques religieuses. La version islamique a eu l'avantage de se développer dans une zone où cette tradition était déjà familière à beaucoup. Elle a aussi bénéficié de l'usage du grec comme langue savante, qui n'avait connu aucune interruption, et de la pratique bien rodée de traduction des textes grecs en syriaque, langue sémitique proche de l'arabe. Si Rome et la Méditerranée occidentale avaient une dette historique à l'égard de la culture grecque, la langue grecque a connu dans ces régions, aux derniers siècles de l'Empire romain, une éclipse qui a coupé la Chrétienté latine d'une vaste part de l'héritage grec préchrétien. Celui-ci est passé beaucoup plus largement dans la société musulmane naissante, par des traductions du grec à l'arabe à partir des textes originaux ou de versions intermédiaires syriaques ou perses.

Le processus, le rythme et les indicateurs de la conversion chrétienne ou musulmane ont été trop différents d'une région à l'autre pour qu'on puisse en rendre compte succinctement. Il reste que, dans les dernières décennies, les historiens de l'islam et du christianisme, travaillant séparément, ont eu tendance à rejeter l'hypothèse d'une conversion ultra-rapide, qui avait cours jusque-là. Les récits de conquête, tant musulmans que chrétiens, avaient autrefois persuadé les historiens de la conversion immédiate des peuples vaincus, voire des survivants sur le champ de bataille. Ils paraissent aujourd'hui indiquer, au mieux, le commencement d'un processus de pénétration religieuse qui a duré plusieurs générations, voire beaucoup plus longtemps. De même, les récits, plus souvent chrétiens que musulmans, qui attribuent à des saints et missionnaires des conversions prodigieuses ne sont pas lus aujourd'hui comme des histoires vraies, mais comme des exercices de piété littéraire agrémentés de miracles invraisemblables. Quant aux documents d'époque qui livrent des faits concrets, comme les listes d'évêques assistant aux premiers conciles chrétiens ou les lieux de frappe des pièces de monnaie portant des formules islamiques, on y voit moins qu'autrefois des preuves convaincantes du basculement religieux de toute une population. Le troupeau d'un évêque ne comptait peut-être qu'un maigre pourcentage des habitants du territoire aux destinées duquel il présidait, et une frappe peut ne rien révéler de plus que le contrôle politique d'un État musulman à l'époque et à l'endroit inscrits sur la pièce de monnaie.

Dans mon livre *Conversion to Islam in the Medieval Period*, publié en 1979, j'ai préconisé une chronologie lente du changement religieux, et une approche conceptuelle du changement religieux de masse fondée sur les modèles de diffusion de l'innovation, initialement élaborés pour analyser les processus de changement technologique au XXe siècle. Selon cette théorie, les idées nouvelles, qu'elles soient d'ordre matériel ou religieux, dépendent de la propagation de l'information, car personne ne peut adopter une innovation sans en avoir d'abord entendu parler. En pratique, ce n'est pas toujours vrai. Des rois ou des chefs de tribu se sont parfois persuadés qu'une conversion à l'islam ou au christianisme était dans leur intérêt, et ils ont alors accepté la foi nouvelle au nom de leurs sujets ou des membres de leur tribu, qui n'avaient pas la moindre idée de ce que cela voulait dire et ne savaient peut-être même pas que leur identité religieuse officielle avait changé. Mais après ce type de conversion nominale, plus fréquent, semble-t-il, là où dominait le polythéisme (en Europe, en Afrique du Nord, en Asie centrale) que dans les territoires centraux du Moyen-Orient déjà monothéistes, il fallait poursuivre l'effort sur plusieurs générations pour réaliser une islamisation ou une christianisation « réelle », c'est-à-dire pour que la religion scripturaire influence en profondeur les modes de vie, les visions du monde et la piété quotidienne de la population.

Le changement religieux ne pouvait avoir un impact fort sur les croyances et les coutumes populaires que si la connaissance du contenu de la religion pénétrait dans les campagnes et atteignait chaque village, chaque campement. Dans des sociétés très majoritairement illettrées comme celles de l'Europe, de l'Afrique du Nord et du Moyen-Orient du VIIe siècle, l'information se répandait essentiellement par le bouche-à-oreille, et les promoteurs des nouvelles idées religieuses, qu'elles fussent chrétiennes ou musulmanes, ne parlaient pas toujours la langue de ceux qu'ils espéraient amener à la foi. Dans ces conditions, le nombre de conversions significatives, c'est-à-dire fondées sur une certaine compréhension réelle de la nouvelle religion, et non sur un baptême forcé ou une profession de foi en arabe dite sous la contrainte, a certainement été, au départ, assez limité.

Pour des générations, peut-être, après la victoire d'un roi chrétien sur leur chef polythéiste ou la prise de contrôle de leur territoire par une armée conquérante arabe, les paysans des villages – l'immense majorité de la population dans les deux zones de conversion – sont restés privés de toute information fiable sur la religion nouvelle. En Europe occidentale, ce qu'on appelait les « survivances païennes », croyances et pratiques héritées de l'ère préchrétienne, parfois sous un déguisement chrétien de pure forme, ont perduré pendant des siècles. À la fin du VIᵉ siècle, à peu près à l'époque de la naissance de Mahomet, l'évêque Martin de Braga, centre chrétien du nord du Portugal dont le rayonnement sur la péninsule ibérique prémusulmane rivalisait avec celui de Tolède, déplorait les pratiques polythéistes locales :

> Fêter les *Vulcanalia* et les Calendes, décorer les tables, porter une couronne de lauriers, veiller à entrer du pied droit, verser des grains et du vin sur la bûche dans la cheminée, jeter du pain dans le puits, qu'est-ce d'autre qu'adorer le diable ? Et, pour les femmes, invoquer Minerve quand elles filent, se marier le jour de la fête de Vénus et veiller à partir en voyage un jour faste, qu'est-ce d'autre qu'adorer le diable [13] ?

Les plaintes d'auteurs musulmans des premiers siècles sur les « survivances païennes » sont assez rares – elles se multiplieront plus tard, quand l'islam se sera répandu en Asie du Sud et du Sud-Est et en Afrique subsaharienne, hors de l'espace dominé à l'époque préislamique par le christianisme, le judaïsme et le zoroastrisme. Puisque les autorités musulmanes ont toléré des communautés chrétiennes, juives et zoroastriennes de bonne taille, les croyances et pratiques propres à ces communautés ont survécu, et elles ont fini par stimuler des rites parallèles chez les musulmans, dont les pieuses visites à des sanctuaires vénérés par l'une des religions antérieures et revalidés dans la tradition musulmane constituent la meilleure illustration. Jusqu'à nos jours, par exemple, le Tombeau des Patriarches à Hébron (en arabe Al-Khalil) reste sacré pour les juifs et pour les musulmans, en tant que lieu du dernier repos de leurs ancêtres, Abraham et les membres de sa famille.

La question de la tolérance est l'un des grands thèmes de la controverse actuelle sur la comparaison Islam-Occident. Les islamophobes accusent depuis longtemps l'Islam d'intolérance permanente parce qu'il refuse la pleine égalité religieuse aux juifs et aux chrétiens. En réponse, les musulmans font valoir les longues périodes de coexistence pacifique et mutuellement bénéfique aux sombres époques où la Chrétienté latine expulsait les minorités juive et musulmane, puis se déchirait dans la guerre entre catholiques et protestants.

En fait, l'islam et le christianisme proclamaient l'un et l'autre leur haine et leur intolérance du polythéisme, mais, jusqu'au moment où l'islam a commencé à s'étendre en dehors de son territoire central après l'an 1000, le polythéisme a rarement posé aux dirigeants musulmans le même problème qu'aux chrétiens européens. La tâche de la Chrétienté latine, c'était d'éradiquer des systèmes de croyances polythéistes, ce qui voulait dire, entre autres, détruire les idoles et les temples, raser les bois sacrés, interdire les activités des prêtres et prohiber les rites coutumiers. Pendant ce temps, les musulmans travaillaient à persuader les adeptes des autres confessions monothéistes, rivales mais tolérées, d'abandonner les rites de leurs ancêtres et de rejoindre la communauté islamique. À long terme, il en est résulté une plus forte homogénéité religieuse en

Europe qu'au Moyen-Orient. Les chrétiens d'Europe ont bel et bien éradiqué le polythéisme. Mais, ce faisant, ils ont pris l'habitude de manier en toute bonne conscience les armes de l'intolérance religieuse : interdictions, expulsions, inquisitions, excommunications et accusations d'hérésie. Sur ces questions, l'écart entre les deux religions dérivées de la tradition scripturaire judaïque reflète moins une divergence de fond sur la conception de la tolérance que la différence des religions préexistantes dans les régions où elles se sont propagées.

Le modèle de la conversion fondé sur la diffusion de l'innovation suggère que le processus s'est poursuivi pendant plusieurs siècles. Une communauté assez restreinte de premiers fidèles, qui, tant dans le cas chrétien que musulman, comprenait probablement un nombre appréciable d'esclaves ou de prisonniers de guerre, a constitué le noyau d'une expansion qui s'est accélérée quand les effectifs ont augmenté et que l'aptitude à communiquer avec des convertis potentiels s'est accrue. La langue a joué un rôle crucial. La présence de communautés juives bilingues dans de nombreuses régions de l'Empire romain a facilité l'expansion initiale du christianisme au-delà de son noyau de langue araméenne. Mais l'arabe n'était parlé que dans la péninsule Arabique et aux confins des déserts qui prolongeaient l'Arabie vers le nord, entre la Syrie, la Jordanie et l'Irak actuels. Cet obstacle initial à l'expansion du savoir sur l'islam n'a disparu que lorsque les mariages mixtes avec des femmes non arabes et non musulmanes, dont beaucoup étaient des captives distribuées avec le butin pendant les conquêtes, ont produit des enfants bilingues. De même, on avait besoin de prédicateurs bilingues de la foi chrétienne dans les régions celtophones et germanophones d'Europe occidentale.

Au cours de ce lent processus de diffusion de l'information, qui variait d'une région à l'autre, les tâches des dirigeants religieux et de leurs institutions ont évolué. Quand une foi était essentiellement professée par un monarque, son armée et sa cour, mais restait peu familière, voire linguistiquement inaccessible, à la grande majorité des habitants de la région, le plus important était de servir les besoins de la minorité dirigeante et de discréditer, dénigrer ou extirper les pratiques de la majorité. Les chefs de l'Église latine ne cessaient de condamner les pratiques polythéistes et de célébrer la destruction des lieux de culte païens et des idoles. Les chefs musulmans, tout en garantissant la liberté religieuse aux chrétiens et aux juifs, leur imposaient des restrictions sur la célébration publique des rites et la construction de nouveaux lieux de culte. Mais, quelques siècles plus tard, quand la foi nouvelle fut devenue celle de la grande majorité de la population, les dirigeants religieux, tant chrétiens que musulmans, ont entrepris de construire des institutions populaires et de s'adresser au peuple.

Aux VIIᵉ et VIIIᵉ siècles, le pouvoir religieux de l'Islam moyen-oriental et de la Chrétienté latine s'organisait autour de dignitaires publics : les gouverneurs et commandeurs nommés par les califes pour les musulmans, les évêques investis par les papes ou par des synodes régionaux pour les chrétiens. Mais, lorsque l'expansion progressive de la foi dans la population a élargi les bases démographiques respectives des deux confessions, le nombre d'hommes qui souhaitaient mettre la religion au centre de leur vie s'est accru aussi. Or, tout le monde ne pouvait pas être évêque ou gouverneur califal. À partir du IXᵉ siècle, dans la Chrétienté latine et dans l'Islam, il y a eu, avec une symétrie parfaite, croissance rapide de corps de « spécialistes du religieux ». Saint Benoît, fondateur du monachisme latin, avait vécu en Italie au VIᵉ siècle, et des monastères voués à sa règle étaient apparus dans diverses régions d'Europe occidentale. Mais c'est au IXe siècle, période d'essor accéléré de la popularité du monachisme, qu'on a eu l'idée de les organiser dans un ordre bénédictin. Le phénomène parallèle dans l'Islam, c'est la montée des oulémas, les « possesseurs du savoir religieux », groupes d'hommes qui, dans toutes les collectivités de quelque envergure, se sont assuré une reconnaissance populaire – c'est-à-dire non gouvernementale – en tant qu'autorités sur le savoir musulman et les connaissances juridiques qu'il suppose. Des individus à qui l'on prêtait ce type de savoir, il y en a eu dès l'époque de Mahomet, mais leurs effectifs se sont multipliés dans tout le Califat au IXe siècle.

Avec leurs ressemblances et leurs différences, ces corps de spécialistes du religieux ont eu un impact puissant sur les trajectoires ultérieures du développement social et politique dans leurs régions respectives. Une similitude est particulièrement frappante : l'attachement des uns et des autres à une langue religieuse unique, transcendant les frontières politiques ou ethniques : le latin en Europe, l'arabe en Afrique du Nord et au Moyen-Orient. Puisque le bas niveau d'alphabétisation hâtait la relève du latin par les langues romanes et que des dialectes locaux distincts de l'arabe se développaient parallèlement, les croyants non instruits avaient de plus en plus de mal à comprendre la langue des moines et des oulémas – et le problème était encore plus grave dans les régions où la langue parlée était entièrement différente, comme l'Allemagne et la Perse. Donc, les spécialistes du religieux et/ou leurs écrits pouvaient se déplacer assez facilement d'une région à l'autre, parce qu'ils trouvaient toujours des homologues ou des publics qui parlaient et lisaient le latin ou l'arabe, mais la vision et la pratique religieuses des populations non instruites prenaient une orientation plus étriquée, plus locale.

L'organisation sociale des moines différait nettement de celle des oulémas. Dans les monastères et les couvents chrétiens, moines et moniales voués à la vie religieuse incarnaient un idéal de retraite dans la prière, loin d'une société pécheresse. Ces établissements étaient situés initialement en zone rurale, leurs membres faisaient vœu de célibat et voyageaient peu. En terre d'islam, en revanche, où, à partir du IXe siècle, l'un des objectifs importants des spécialistes du religieux était la collecte des dits attribués au prophète Mahomet (*hadith*), on fuyait le péché par des actes de piété personnels, tels les nuits de veille et les jeûnes très longs, et non en se retirant de la société. Le voyage était encouragé, et le célibat était rare. Tandis que les moines menaient d'importantes activités pédagogiques et érudites au sein des monastères, les transmetteurs des *hadiths*, qui constituaient le noyau des études religieuses musulmanes élémentaires, vivaient en général en ville et avaient de très nombreux élèves, dont beaucoup devenaient marchands ou artisans après avoir achevé leurs huit à douze années d'études. Puisque les oulémas se mariaient et avaient des enfants, certaines familles détentrices d'un prestige religieux héréditaire et de la prééminence sociale qui l'accompagnait se sont mises à jouer un rôle important dans la vie politique et économique des villes à la fin du Xe siècle. En Europe, des hommes et femmes de noble origine devenaient parfois moines et moniales, et pouvaient exercer une influence politique dans cette situation ; mais ils ont rarement fondé des lignées religieuses héréditaires.

Les évolutions étroitement parallèles en matière d'éducation ont fini par atténuer cette différence des rôles sociaux. La déposition du dernier empereur romain d'Occident en 476 avait été le symbole d'un grave recul de l'alphabétisation, de la vie urbaine et de la vitalité économique. Pendant les siècles qui ont suivi, les enseignants des monastères ont préservé un minimum de savoir, mais leurs efforts n'ont eu que peu d'impact à l'extérieur de leur communauté cloîtrée. De l'autre côté de la Méditerranée, la conquête arabe de la Syrie et de l'Égypte, provinces d'une importance cruciale pour l'Empire byzantin (l'Empire romain d'Orient), a donné au Califat de riches territoires que le déclin survenu en Europe occidentale n'avait pratiquement pas touchés. L'arabe a remplacé le grec comme langue du pouvoir et de la religion dominante, et cette évolution, qui a pris plus d'un siècle, a provoqué une rupture dans les traditions d'alphabétisation et d'éducation ; mais on a continué d'enseigner et d'écrire des livres à un rythme plus soutenu dans la société musulmane en plein essor que dans la Chrétienté latine. L'enseignement supérieur avait lieu essentiellement par apprentissage dans les bureaux administratifs, ou dans de petits cercles d'étudiants réunis autour d'un maître dans une mosquée ou un domicile privé. C'est avec la multiplication des collèges religieux, les *madrasas*, à partir du XIe siècle, que les hautes études religieuses ont commencé à s'organiser de façon plus structurée.

Par leur organisation comme par leur vocation érudite, ces institutions musulmanes ressemblent tant aux universités chrétiennes apparues peu après dans les grandes villes européennes que certains chercheurs ont soutenu la thèse d'une influence directe des premières sur les secondes. Quoi qu'il en soit, il est clair que les deux types d'institutions préparaient systématiquement les spécialistes du religieux à un rôle actif dans la société. Ce n'était pas une innovation pour l'Islam, où les oulémas avaient toujours été très présents dans la vie sociale ; mais pour la Chrétienté latine, cela reflétait le développement au XIIIe siècle d'idées nouvelles sur les fonctions des religieux, incarnées par les nouveaux ordres prêcheurs des dominicains et des franciscains, qui dominaient la vie universitaire. L'existence recluse du moine et de la moniale gardait son attrait, mais la plupart des diplômés des universités recherchaient des carrières actives où ils pourraient guider les fidèles ordinaires, puisque les populations étaient désormais fermement attachées à un mode de vie chrétien. Donc, le clergé, bien qu'il fût toujours célibataire, commença à ressembler davantage aux oulémas musulmans : il devint une force sociale urbaine.

La différence la plus spectaculaire entre la Chrétienté latine et sa société sœur musulmane d'outre-Méditerranée, c'était le rejet par l'islam d'une structure ecclésiastique hiérarchisée. Quelques oulémas étaient dirigeants de mosquée et juges religieux, mais ces postes ne s'inscrivaient pas dans une hiérarchie centralisée. Le christianisme avait grandi dans le contexte de diversité religieuse de l'Empire romain. Son centralisme l'avait servi face à des clergés concurrents, tels ceux d'Isis et de Mithra, et l'Empire lui-même lui avait fourni son modèle d'organisation en provinces et sous-provinces. L'expérience du Califat est entièrement différente : il avait été fondé par la conquête après la mort de Mahomet en 632, sans aucune hiérarchie religieuse séparée de la hiérarchie politique de l'État. Pendant ses deux premiers siècles, cet État a été organisé en fonction du principe : tous les musulmans sont des Arabes et partagent les bénéfices de la domination sur les non-Arabes non musulmans. Veiller aux intérêts économiques et politiques de la minorité dominante : cette tâche occupait entièrement les institutions du Califat, qui laissait les besoins spirituels – en particulier ceux des convertis non arabes, toujours plus nombreux – aux bons soins non officiels de groupes locaux de pieux individus, les précurseurs des oulémas. Pourtant, les califes musulmans connaissaient parfaitement les organisations ecclésiastiques de leurs sujets non musulmans. Ils manipulaient souvent, d'ailleurs, la nomination de leurs dirigeants religieux. Mais cette familiarité même leur avait peut-être ouvert les yeux sur les luttes inexpiables pour le contrôle de la hiérarchie de l'Église dans le christianisme oriental : éviter ce type d'organisation ecclésiastique leur a donc paru méritoire. C'est ce que suggère la célèbre formule dont se glorifient les musulmans : l'islam n'a ni moines ni prêtres.

En l'absence d'une hiérarchie ecclésiastique, l'essor rapide des oulémas, qui a accompagné la croissance accélérée de la communauté musulmane dans son ensemble au IXe siècle, a eu lieu hors du contrôle du gouvernement califal. Pendant quelques décennies, au milieu de ce siècle, plusieurs califes ont essayé d'imposer une discipline doctrinale aux oulémas dans l'ensemble de l'empire, en exigeant leur ralliement à un point de vue théologique particulier. Mais les oulémas ont résisté à cette *mihna* – cette « inquisition » –, certains jusqu'au martyre, et cet effort tardif pour centraliser l'islam dans le cadre d'une institution califale a donc échoué. Après quoi des groupes de familles locales d'oulémas ont consolidé leur prééminence sociale dans la plupart des villes, et ont agi à l'occasion politiquement pour la défense de leurs concitoyens. Mais ils n'ont jamais cherché à coordonner leurs activités avec leurs homologues dans d'autres villes. Ayant renoncé à la centralisation doctrinale, les califes, puis toute une série de chefs de guerre qui ont pris le contrôle de telle ou telle province quand l'autorité califale s'est évanouie au Xe siècle, ont parfois parrainé des personnalités ou des doctrines religieuses populaires localement, quand cela leur a paru politiquement intéressant. Mais les oulémas n'ont jamais constitué un défi organisé à leur pouvoir.

Néanmoins, les oulémas ont réussi à s'arroger le droit d'élaborer et d'interpréter la loi religieuse. La *shari'a* –

la loi religieuse islamique – s'est progressivement systématisée en plusieurs variantes quand les étudiants des grands théoriciens du droit se sont installés dans diverses villes et ont popularisé les enseignements de leurs maîtres. Les juges religieux, choisis par les monarques dans les rangs des oulémas (mais leur nomination était parfois purement formelle), appliquaient cette loi à tous – dignitaires de l'État, imams des mosquées et citoyens ordinaires au même titre. Néanmoins, ils laissaient d'importantes catégories de litiges, en particulier en matière criminelle, à une justice civile rendue par d'autres agents de l'État.

En revanche, lorsque la communauté chrétienne d'Europe occidentale, à peu près à la même époque, s'est agrandie et diversifiée, l'effort centralisateur de l'Église catholique est allé beaucoup plus loin. Des papes forts, alliés à des réformateurs désireux d'améliorer l'organisation et la discipline monastiques, ont affirmé l'autorité unique et inconditionnelle de la hiérarchie de l'Église. Au XIe siècle, un mouvement de réforme impulsé par le monastère de Cluny en France, et ne faisant allégeance qu'au seul pape, a étendu le contrôle central à de très lointains monastères affiliés. Mais ce resserrement de la juridiction de l'Église sur les prêtres, les moines, les moniales et les biens voués à leurs activités, en particulier sous l'énergique réformateur que fut le pape Grégoire VII (1073-1085), a contribué à aggraver les tensions entre les monarques et les chefs de l'Église. La loi canon de l'Église catholique, qui, comme son homologue islamique, aspirait à tout dominer, est entrée en conflit direct avec les prétentions des rois à légiférer. Face aux exigences des monarques laïques, l'Église catholique a fait front avec plus d'audace que les oulémas, mais ces derniers ont été plus efficaces pour protéger à long terme leur rôle d'interprètes de la loi. Ils ont souvent plié devant l'indéniable puissance du souverain, mais ils ont toujours insisté pour que sa soumission théorique aux commandements de Dieu fût réaffirmée. Les papes, eux, ont affronté sans ménagement de puissants monarques chrétiens dans une série de pénibles conflits, et se sont vus contraints d'accepter, finalement, l'expansion constante de la loi du roi.

Bref, les réinterprétations chrétiennes latines et musulmanes de la tradition religieuse juive ont suivi un parcours historique étroitement parallèle pendant environ sept siècles après 622. La connaissance de la foi chez les gens du peuple, en particulier dans les campagnes, était légère, voire inexistante, en début de période. Le christianisme a déployé des missionnaires pour propager la bonne parole ; l'islam ne l'a pas fait. Mais l'islam avait l'avantage de se répandre dans des territoires bien préparés à accepter la version islamique du monothéisme des Écritures. Nonobstant ces variations régionales, on ne se trompera probablement pas beaucoup en postulant que les événements des VIIe-IXe siècles, tant chez les musulmans que chez les chrétiens latins, ont posé les bases de l'expansion massive de la religion dans les milieux populaires qui s'est produite plus tard, même si la plupart des spécialistes du religieux de l'époque avaient consacré leurs efforts à élaborer une doctrine, à mettre en place leurs propres réseaux sociaux et institutionnels et à servir les besoins des élites.

La société religieuse musulmane s'est faite de plus en plus visible dans les villes et leur arrière-pays rural immédiat à partir du Xe siècle. Le même phénomène s'est produit un peu plus tard dans la Chrétienté latine, où la reprise économique après l'effondrement postromain ne s'est accélérée qu'au XIIe siècle. Les campagnes plus éloignées et les régions marginales n'ont pris cette orientation que plus tard. Dans les deux sociétés, cette expansion ultérieure de la foi a jeté un défi aux élites religieuses. Et c'est en y répondant que les sociétés sœurs ont pris des chemins divergents.

MÊME CRISE, RÉPONSES DIFFÉRENTES : LES SIÈCLES INTERMÉDIAIRES

Pendant les premiers siècles, les chrétiens latins ont eu tendance à vivre repliés sur eux-mêmes. Ils savaient fort peu de chose de l'islam. Les chrétiens d'Orient orthodoxes, en revanche, le connaissaient bien : ils voyaient avec angoisse le territoire byzantin rétrécir et les effectifs de leurs communautés diminuer régulièrement tandis que s'accélérait le rythme des conversions. Certains définissaient l'affrontement du christianisme et de l'islam comme un combat moral : d'un côté la piété et la moralité authentiques, de l'autre l'attrait de la richesse, du pouvoir, des vils plaisirs du monde – ils préfiguraient ainsi, dans le sens diamétralement opposé, l'interprétation du conflit islamo-chrétien par les idéologues islamistes du XXᵉ siècle. Les empereurs byzantins, auxquels incombait la responsabilité de maintenir le pouvoir chrétien aux frontières du Califat, étaient rarement en bons termes avec les papes et les rois de la Chrétienté latine ; néanmoins, surmontant cette antipathie, ils les ont sollicités pour une offensive militaire commune contre la domination musulmane en Terre sainte. Les cris d'alarme byzantins ont été l'une des motivations des croisades. Ce mouvement a mis en contact l'Islam et la Chrétienté latine, mais aussi intensifié leur hostilité mutuelle.

De 1095 à 1250, les croisés latins, avec l'aide occasionnelle des Byzantins, ont lancé une série d'attaques contre les dynastes musulmans de Terre sainte. Ils ont initialement créé quatre petites principautés autour des

villes d'Édesse, Antioche, Jérusalem et Tripoli, à l'extré-
mité orientale de la Méditerranée, et ont baptisé ce territoire l'« Outremer ». Quand elles s'interrogent sur les
motivations principales des chrétiens, les histoires politiques des croisades citent en général la ferveur religieuse et le désir des chefs de se tailler des fiefs. Mais,
économiquement, les grandes bénéficiaires ont été les
cités marchandes italiennes, comme Pise, Gênes et
Venise, non seulement parce qu'elles ont fait payer le
transport aux croisés, mais aussi parce que le commerce
de leurs négociants avec les territoires musulmans s'est
intensifié. Si batailles et alliances militaires dominent les
textes qu'ont inspirés les croisades – chroniques historiques ou récits littéraires –, les activités pacifiques n'en
ont pas moins représenté l'essentiel du contact culturel
qui s'est produit à cette époque.

En Espagne, où des campagnes militaires chrétiennes
contre les principautés musulmanes se déroulaient parallèlement aux croisades, les érudits chrétiens ont profité
des moments de paix ou d'accalmie pour traduire en
latin des livres arabes, et les transmettre ainsi à la
France et à l'Italie. En Sicile, pays musulman dont des
conquérants venus du nord de la France s'étaient
emparés dans les décennies qui ont précédé les croisades, on avait trouvé aussi des manuscrits arabes et
grecs à traduire. Enfin, dans les États croisés et les territoires musulmans limitrophes, marchands italiens et
nobles d'Europe, qui désormais y résidaient durable-
ment, ont fait l'expérience directe de la vie quotidienne
dans la société musulmane et ramené dans leur pays des
coutumes et des idées.

Pendant cette période, une abondance miraculeuse de
stimulants en provenance des territoires musulmans a
changé la vie en Europe dans de nombreux domaines :
la philosophie (les commentaires sur Aristote), la théologie (l'averroïsme), les mathématiques (les chiffres

arabes), la chimie (la poudre à canon), la médecine (les techniques chirurgicales), la musique (le luth, les chansons des troubadours), la littérature (les contes qui apparaissent dans les œuvres italiennes), la production (le verre, le papier, la gravure sur bois), la cuisine (les pâtes, le sucre), et les plaisirs de la vie quotidienne. Cette influence a été la plus forte en Europe du Sud, mais les idées philosophiques musulmanes ont aussi pénétré dans les universités d'Europe du Nord. Aujourd'hui, les musulmans déplorent que si peu d'Occidentaux prennent la mesure du transfert massif de culture, de science et de technologie qui a commencé pendant cette période. Ce transfert, soutiennent-ils, a ouvert la voie aux découvertes scientifiques et au raffinement intellectuel ultérieurs en Europe. Leurs récriminations amplement justifiées illustrent le puissant impact de la façon dont on raconte l'histoire. Si la transmission parallèle des idées et des styles de l'Italie et du midi de la France à l'Europe du Nord pendant la Renaissance est traditionnellement narrée comme un phénomène intérieur à la civilisation chrétienne occidentale, on n'a guère tenté de considérer globalement les évolutions culturelles méditerranéennes, ni dans cette période ni quelques siècles plus tard, quand des réfugiés musulmans et juifs venus d'Espagne ont apporté au sud des idées « européennes ». Et ce n'est pas la Méditerranée qui empêche les historiens de voir ces flux comme des mouvements internes à un seul complexe civilisationnel : l'Espagne et la Sicile, foyers principaux de cette stimulation culturelle, se trouvent en Europe. Non, c'est un parti pris bien ancré : tout ce qui se passe au sein de la Chrétienté est *entre nous*, tout ce qui émane de sources non chrétiennes est un contact avec l'Autre.

Rapprochons le silence sur l'influence culturelle musulmane et l'hyperconscience des croisades elles-mêmes chez les Occidentaux : le caractère tendancieux de la lecture des relations islamo-chrétiennes comme hostiles et non productives devient évident. On peut faire le parallèle avec la vision actuelle de l'impact de l'Europe sur le monde non européen (pays musulmans compris) au XIXᵉ siècle. Les penseurs postcoloniaux des territoires soumis à l'impérialisme insistent sur des formes de sujétion qui étaient pratiquement invisibles aux intellectuels européens traditionnels des générations passées. Ceux-ci étaient enclins à souligner les bénéfices économiques et techniques des relations avec l'Europe à l'époque impérialiste, ce qu'ils appelaient en général l'« occidentalisation » ou la « modernisation », même s'ils reconnaissaient du bout des lèvres l'oppression inhérente au colonialisme. Mais les populations des ex-colonies y voient des avantages pour lesquels elles ne doivent aucune gratitude à personne, étant donné l'énormité des maux infligés par les prétendus bienfaiteurs impérialistes. De la même façon exactement, les chrétiens latins des XIIᵉ-XIVᵉ siècles (suivis par leurs descendants d'aujourd'hui) ne voyaient aucune raison d'exprimer de la gratitude aux musulmans, ou de reconnaître la supériorité scientifique et artistique des sociétés musulmanes d'où ils tiraient les idées, les techniques et les processus de production qui allaient bientôt catapulter l'Europe latine sur une nouvelle trajectoire de développement immensément fructueuse. Les emprunteurs ont leur fierté.

En privilégiant le conflit armé et non l'emprunt culturel, les récits historiques dominants de la période ont obscurci le parallélisme de l'évolution sociale et religieuse des deux côtés de la Méditerranée. On a déjà souligné que la constitution des universités européennes, à la fin du XIIᵉ siècle, ressemblait beaucoup au développement légèrement antérieur des *madrasas* musulmanes. Du côté musulman, ces institutions ont inauguré un mouvement de systématisation graduelle d'approches préexistantes en matière de formation des oulémas. Du côté chrétien, les universités ont eu un impact bien plus important, parce qu'elles ont transféré l'enseignement religieux du cloître à la ville, évolution qu'illustraient simultanément la prolifération de cathédrales grandioses et le déclin relatif des investissements dans les églises abbatiales (celles des monastères). Si les enseignants des *madrasas* étaient de simples oulémas qui avaient eu la chance d'obtenir un poste assorti d'un salaire versé par une fondation, les professeurs des universités européennes étaient en général des frères dominicains et franciscains, membres d'un type d'organisation religieuse apparu au XIIIe siècle. Ces frères, comme les chanoines des cathédrales qui allaient s'organiser à peu près de la même façon, vivaient conformément à un ensemble de règles, dont le célibat, exactement comme les moines et les moniales ; mais ils n'étaient pas cloîtrés. Ils se mêlaient aux citoyens ordinaires, comme l'avaient toujours fait les oulémas, et la prédication publique était à leurs yeux un devoir sacré.

Ce passage du cloître à la société laïque était symptomatique : on commençait à ressentir le besoin de s'occuper davantage de la vie religieuse des gens du peuple. L'approfondissement de l'identité chrétienne à tous les niveaux de la société, urbaine et rurale, manifeste depuis le XIIe siècle, s'était effectué parallèlement à une tendance identique dans la société musulmane. Et les pressions qui accompagnaient cet apogée du long et lent processus de la conversion – celle des esprits et des âmes, pas la simple adoption d'une identité nominale – constituaient un défi très semblable pour les « spécialistes du religieux » musulmans et chrétiens.

— Beaucoup de laïques voulaient exprimer leurs sentiments religieux et avoir accès au savoir religieux dans la langue qu'ils parlaient tous les jours, et non en latin ou en arabe.

— Les ruraux souhaitaient un contact plus étroit avec des religieux et religieuses capables de les guider spirituellement, et ils étaient excédés de l'arrogance dominatrice des hiérarques des monastères et cathédrales, ou de la morgue et du juridisme aride des oulémas, seuls interprètes autorisés de la *shari'a*.

— L'importance croissante du droit dans le religieux gênait de nombreux laïques, qui aspiraient à une autre expérience de la religion : plus d'émotion et moins de juridisme.

— La pénétration du christianisme et de l'islam dans la vie quotidienne incitait les gens à chercher des moyens de vivre leur foi collectivement, en groupes organisés.

Du côté chrétien, ces pressions se sont manifestées sous deux formes : la vie communautaire et les mouvements de prédication populaire. Au XIIe siècle, des femmes qui souhaitaient mener une vie de dévotion religieuse et de charité, mais sans entrer dans un ordre cloîtré, se sont rassemblées en communautés de Béguines. Ces associations, créées au niveau d'une ville, se sont avérées assez attrayantes pour réunir dans certains cas jusqu'à 15 % de la population urbaine féminine adulte. Les Béguines s'habillaient comme tout le monde, exerçaient un métier artisanal, suivaient des règles de conduite strictes sans exclure nécessairement le mariage, et avaient un goût marqué du mysticisme. Ce sont elles qui ont composé les premières œuvres mystiques européennes en langue vernaculaire – à commencer par les *Sept Degrés d'amour* de Béatrice de Nazareth, rédigés en flamand en 1233. Il y avait un mouvement parallèle chez les hommes, les Beggards, qui pratiquait aussi la mendicité errante. L'Église donna d'abord sa bénédiction à l'engagement religieux des Béguines et des Beggards, puis se ravisa. Marguerite Porete, qui avait écrit un ouvrage mystique en ancien français, fut brûlée vive au pilori pour hérésie en 1310. En 1317, le concile de Vienne, après avoir entendu des accusations d'hérésie et d'immoralité, abolit le béguinage et ordonna que les femmes qui voulaient mener ce genre de vie fussent étroitement surveillées par l'Église.

Le sort réservé aux Béguines et aux Beggards s'inscrit dans le climat général de peur de l'hérésie qui a obsédé l'Église au XIIIe siècle. L'histoire du mouvement lancé par Pierre Valdo l'illustre bien. En 1176, ce marchand lyonnais renonça à tous ses biens et prit la direction d'un groupe d'hommes voués à une vie de sainte pauvreté et résolus à amener la foi aux gens simples dans leur propre langue. Le pape donna sa bénédiction à leur mode de vie, mais leur fit savoir qu'ils ne pourraient pas prêcher. Les Vaudois, comme on allait les nommer, ignorèrent cet avertissement, et leur prédication laïque leur valut d'être accusés d'hérésie. Plus de quatre-vingts d'entre eux furent brûlés vifs au pilori à Strasbourg en 1211. Malgré la répression, le mouvement vaudois ne devait pas disparaître totalement : ses derniers membres sont devenus protestants au XVIe siècle.

Dans l'Angleterre du XIVe siècle, John Wycliffe, professeur de théologie et de philosophie d'Oxford, dirigea un mouvement comparable de « prêtres pauvres », qui prêchaient en anglais aux gens du peuple. Certains de ses fidèles, collectivement, traduisirent la Bible en langue anglaise – c'est la version qu'on appelle la « Bible Wycliffe ». Wycliffe fut condamné comme hérétique, mais il échappa au bûcher : il mourut de mort naturelle en 1384. En Bohême, Jan Hus n'a pas échappé à l'exécution. Prêtre instruit comme Wycliffe, dont il avait traduit les écrits en tchèque, il avait pris la tête d'un mouvement militant hostile à l'Église, qui s'était trouvé mêlé à des guerres contre les souverains catholiques de Bohême. Il fut brûlé vif en 1415. À peine plus d'un siècle plus tard, en 1517, Martin Luther inaugurerait la

Réforme protestante, avant de traduire la Bible en allemand.

Aucun mouvement n'a répondu à lui seul à toutes les pressions religieuses populaires qui ont commencé à se manifester au XIIᵉ siècle. Il y avait ceux qui voulaient offrir à des laïques une vie dévote, isolément ou en groupe. Ceux qui encourageaient le mysticisme. Ceux qui faisaient vœu de pauvreté. Ceux qui prêchaient en langue vernaculaire et traduisaient la Bible en mots que le peuple pouvait comprendre. Certains étaient pacifistes. D'autres ont réagi agressivement aux attaques constantes dont ils faisaient l'objet. Mais tous se sont attiré l'ire de l'Église catholique et ont fait l'amère expérience de la persécution. Quand la rupture définitive de la Réforme protestante scinda pour de bon la Chrétienté latine au XVIᵉ siècle, mysticisme, vie collective, pauvreté et pacifisme avaient forcément régressé. La Contre-Réforme catholique fit de la défense militante la priorité absolue.

Dans l'Islam, les mêmes pressions ont engendré des tendances semblables ; mais le résultat à long terme a été tout à fait différent. Si l'on associe en général à ces évolutions le terme « soufisme », les premières manifestations de ce mouvement au IXᵉ siècle étaient fort différentes de ce qu'il est devenu au XIIIᵉ. Le mot « soufi » dérive probablement du manteau de laine rapiécé (ar. *suf*) qui signalait la pauvreté religieuse de celui qui le portait, mais la traduction habituelle du terme est « mystique ». Et elle est bien adaptée à ces âmes visionnaires des premiers siècles de l'islam qui aspiraient à se rapprocher de Dieu et exprimaient leurs élans par des énoncés extatiques, parfois très poétiques, et par des actes que leurs admirateurs interprétaient comme des miracles. Des admirateurs, ils en avaient beaucoup, des disciples aussi ; au XIᵉ siècle, certains de ces derniers vivaient ou se réunissaient dans des maisons consacrées aux dévotions soufies et nommées *khanaqah, zawiyah* ou *ribat*.

Au XIIIe siècle, ces réunions informelles de dévots se sont officialisées en confréries structurées (*tariqah*, pl. *turuq*), dotées d'un ordre hiérarchique, de procédures d'initiation, de rituels établis, de règles de conduite fixes et de liens organisationnels avec les confréries attachées aux rites du même maître soufi dans d'autres villes. La quête mystique, qui s'exprimait de plus en plus par une poésie en langue vernaculaire, restait le signe de reconnaissance des rangs supérieurs de ces confréries. Mais des milliers de frères des rangs inférieurs, pour ne rien dire des citadins ordinaires qui admiraient le mode de vie soufi mais n'étaient pas prêts à s'engager personnellement dans cette voie, concevaient plutôt la confrérie comme une organisation offrant une expérience religieuse collective et un guide moral dans la vie quotidienne, et comme un point de contact avec un personnage manifestement saint : le cheikh qui dirigeait l'ordre.

Les codes de conduite soufis stipulaient souvent la pauvreté et le retrait hors des affaires du monde – orientation que poussaient à l'extrême les mendiants errants. Mais l'association avec la plupart des ordres soufis était compatible avec la vie dans le monde du travail ordinaire, notamment pour les laïques qui admiraient leur mode de vie sans en devenir membres à part entière. De ce point de vue, le soufisme a fini par représenter une fusion de la dévotion religieuse et d'une morale stricte dans la vie quotidienne. Les confréries, qui ont acquis une popularité phénoménale à la fin du XVe siècle, offraient une forme alternative d'expérience sociale et religieuse musulmane, où le mysticisme, en définitive, comptait moins que la dévotion collective à un code de comportement moral sanctifié par un saint personnage. Elles sont apparues par dizaines, certaines séduisant l'élite, d'autres le peuple. Les plus populaires ont développé des réseaux géographiques qui s'étendent sur des milliers de kilomètres, au mépris des frontières politiques.

L'ethos du soufisme des confréries présente une ressemblance frappante avec celui des mouvements qui, à la même époque, agitaient la Chrétienté latine : la dévotion en commun, la pauvreté pour signifier l'abandon des biens de ce monde, le mysticisme, l'usage des langues vernaculaires, l'organisation fondée sur la ville mais avec pénétration dans les campagnes, et la substitution, en tant que modèles moraux, de saints personnages accessibles localement aux ecclésiastiques/oulémas toujours plus enclins au juridisme constituent autant de parallèles précis. Ces réactions aux exigences de la religiosité populaire apparues à cette époque se sont révélées durables : elles se sont perpétuées jusqu'à nos jours. Dans l'Islam, des milliers d'organisations populaires musulmanes (souvent très engagées politiquement) se structurent, consciemment ou inconsciemment, sur le modèle des confréries soufies. Et le phénomène a son parallèle dans le christianisme : la prolifération actuelle de sectes nouvelles, en particulier au sein du protestantisme évangélique.

Autre parallèle : la colère et la volonté de résistance que le développement du soufisme a inspirées aux oulémas, et qui, en de rares occasions, se sont traduites par l'exécution spectaculaire d'un cheikh soufi. Si certains oulémas étaient eux-mêmes soufis, beaucoup exécraient les pratiques des confréries, en particulier l'usage de la danse et de la musique dans leurs rituels. Ces adversaires des soufis auraient sûrement recouru à des persécutions massives s'ils avaient eu une tradition de traque et d'extermination des hérétiques et une structure organisationnelle adaptée à sa mise en œuvre.

Dans la Chrétienté latine, l'affrontement entre les structures et hiérarchies établies et les nouvelles formes d'aspirations et d'expressions religieuses a provoqué de plus en plus de frictions de 1100 à 1500, et s'est terminé par la Réforme protestante et la destruction de l'unité de l'Église. Dans l'Islam, la structure institutionnelle des oulémas, relativement faible, ne pouvait tenir en lisière les nouveaux courants spirituels. Le christianisme a tenu bon puis s'est cassé en deux, l'islam a plié et s'est adapté. En 1500, les ordres soufis étaient bien ancrés dans la plupart des régions. Beaucoup d'oulémas restaient sceptiques, et le militantisme politique de certains ordres soufis, notamment en Anatolie, a provoqué des guerres répressives, mais le soufisme allait devenir le principal foyer de la piété populaire musulmane.

L'impact qu'ont eu sur le droit les réactions divergentes musulmane et chrétienne aux nouveaux besoins spirituels mérite une mention spéciale. L'effondrement de l'unité du christianisme a pris la forme d'une guerre particulièrement sale entre protestants et catholiques, qui a duré plusieurs générations. Les prétentions rivales du droit canon et du droit royal au fil des siècles précédents avaient habitué à l'expression des désaccords ecclésiastiques en termes juridiques. Pendant la Réforme, prendre fait et cause pour les catholiques ou les protestants est devenu l'un des attributs de l'autorité royale. Les prédicateurs et pamphlétaires des deux camps tonnaient contre leurs ennemis et appelaient les fidèles au massacre. La paix de Westphalie, en 1648, a mis fin aux pires tueries. Mais, à cette date, la fièvre était retombée d'elle-même, et elle avait coûté la vie à une bonne partie de la population d'Europe occidentale. Les cicatrices qu'elle avait laissées ont renforcé une conviction croissante : plus jamais la puissance de l'État ne devait être mise au service d'une religion intolérante.

Les laïques occidentaux d'aujourd'hui sont passionnément attachés à la séparation de l'Église et de l'État. La logique de leur position est claire : l'association de la foi religieuse au pouvoir d'État donne un breuvage toxique pour ceux qui le consomment. C'est ce qui s'est passé dans l'histoire de l'Europe. La leçon a été retenue. Après la paix de Westphalie, la volonté royale a pris le pas sur les diktats des papes et des prédicateurs. Individuellement, les rois pouvaient rester des fanatiques, mais, dans l'intérêt de la couronne, leurs successeurs pourraient choisir de contracter mariage ou de faire alliance sans s'arrêter aux frontières religieuses.

Mais cette rupture entre l'Église et l'État ne s'est pas produite dans l'Islam. La dévotion soufie a pu, à l'occasion, mobiliser des armées. L'une d'elles a porté au pouvoir en Iran, en 1501, la dynastie des Safavides. Et la ferme volonté d'extirper l'hétérodoxie soufie a pu, à l'occasion, inciter des monarques à partir en campagne. Dans la Turquie ottomane, c'est arrivé plusieurs fois entre 1300 et 1500. Mais, dans l'ensemble, les confréries soufies, devenues après 1400 les canaux essentiels d'expression de la piété collective, ont vécu en bonne intelligence entre elles et coopéré avec les pouvoirs publics officiels. On a vu plus souvent des souverains parrainer d'éminents soufis vivants et se faire enterrer aux pieds de saints décédés que les accuser d'hérésie ou de trahison. Si le catholicisme ou le protestantisme d'un monarque chrétien lui donnait implicitement mission de défendre sa foi contre l'autre confession, en terre d'islam les prières communes à la mosquée, les travaux des tribunaux religieux et les rites de dévotion soufis ont cohabité confortablement dans la vie et la vision du monde de la plupart des souverains musulmans. La loi islamique, en théorie, est restée universelle et incontestée, tandis que la loi canon de l'Église catholique a dû reculer face au droit royal d'après la paix de Westphalie, et que les protestants n'ont jamais élaboré une philosophie du droit exhaustive de leur cru.

LES SŒURS SE SÉPARENT :
LES DERNIERS SIÈCLES

Après 1500, les sociétés islamique et chrétienne sont restées enfermées dans leur rapport de sœurs ennemies, mais les accidents de l'histoire ont ouvert des champs neufs à leur rivalité. Entre 1200 et 1400, une série d'assauts mongols et turcs ont exposé le Moyen-Orient musulman à des influences nouvelles venues d'Asie centrale et de Chine, tandis qu'entre 1400 et 1500 une succession de découvertes maritimes a révélé aux Européens de nouveaux mondes exotiques en Afrique, en Asie et dans l'hémisphère occidental. Ces expériences ont déterminé l'avenir économique et politique respectif de la Chrétienté occidentale et de l'Islam moyen-oriental. Pendant des siècles, les dynastes musulmans ultérieurs allaient s'efforcer de recréer le vaste et puissant empire continental eurasiatique de Gengis Khan, tandis que les Européens – sauf les Russes, qui eux aussi avaient connu la domination mongole – optaient résolument pour l'empire maritime.

Sur le plan religieux, les confessions sœurs ont été confrontées à des défis parallèles. Dans les deux siècles qui ont précédé le grand assaut des Mongols en 1218, il y avait eu une importante expansion musulmane en Inde et en Afrique subsaharienne. Comme les traditions culturelles de ces terres nouvelles n'étaient pas fondées sur la vision du monde hellénistique dont les régions méditerranéennes avaient été imprégnées pendant des siècles après les conquêtes d'Alexandre le Grand, l'absorption de ces territoires dans le monde islamique posait un problème tout à fait différent de celui qu'avaient eu à résoudre les conquérants arabes du premier siècle de l'islam. Les dirigeants musulmans se sont trouvés face à des populations qu'ils considéraient comme idolâtres. Ils ont réagi par un dosage variable d'action militaire, de persécution, d'exploitation commerciale et de prédication religieuse, cette dernière essentiellement menée de façon informelle par les jeunes confréries soufies. L'expérience de l'Empire mongol a accéléré cette évolution en incitant les shahs et sultans postmongols à multiplier les conquêtes.

Dans ses enclaves de la côte africaine et, à bien plus vaste échelle, dans le Nouveau Monde, la Chrétienté occidentale a connu un affrontement parallèle avec ce qui était à ses yeux de l'idolâtrie. Les monarques européens ont réagi comme les shahs et les sultans : par un dosage variable d'action militaire, de persécution, d'exploitation commerciale et de prédication vigoureuse, effectuée en général de façon très organisée par les dominicains, les franciscains et les jésuites, explicitement mandatés par le roi.

Pris en bloc, islam et christianisme confondus, le monothéisme scripturaire de tradition sémitique progressait partout. Mais un regard sur l'ensemble de la période 1500-1900 révèle un déséquilibre dans le prosélytisme entre la Chrétienté occidentale et l'Islam moyen-oriental. Dans la pensée historique euro-américaine moderne, c'est un lieu commun de dire qu'à cette époque l'Europe est passée en tête et a laissé le monde musulman loin derrière. Après des siècles de gloire de l'islam, des mots comme « déclin », « stagnation », « arriération » blessent les oreilles musulmanes. Néanmoins, il est incontestable que, pour la prospérité et la puissance matérielle, le rapport des forces si clairement favorable aux musulmans avant le XVIe siècle s'est alors renversé au profit des chrétiens d'Occident.

Mais attention. Peut-être y a-t-il une autre façon de voir les choses. Supposons qu'au lieu de penser en termes de richesse et d'impérialisme on se demande quel pourcentage des musulmans dans le monde d'aujourd'hui descendent de gens qui se sont convertis à l'islam entre 1500 et 1900. Réponse : sûrement plus de 50 % – la quasi-totalité du Bangladesh, de la Malaisie et de l'Indonésie ; des communautés massives d'Africains au sud du Sahara ; l'essentiel des musulmans du Pakistan, d'Inde et de Chine ; des populations considérables en Europe du Sud-Est et en Asie centrale. En revanche, si l'on se demandait quel pourcentage des populations catholiques et protestantes actuelles ont des ancêtres convertis au christianisme entre 1500 et 1900, la réponse serait : nettement moins de 20 % – et ce chiffre tomberait en fait à un tout petit niveau si l'on excluait les Amériques, l'Australie, les îles du Pacifique et le tiers méridional de l'Afrique, territoires où les chrétiens d'Europe ne se sont heurtés à aucune religion assez raffinée pour les concurrencer. Dans l'immense continent afro-eurasiatique et son prolongement en Asie du Sud-Est, le christianisme européen et l'islam se sont affrontés, ils se sont disputé les âmes des peuples indigènes, et c'est incontestablement l'islam qui a gagné.

Donc, si l'on devait aujourd'hui mesurer le succès à long terme des systèmes socio-religieux rivaux à l'aune de l'attrait qu'ils ont exercé au cours des derniers siècles, on serait forcé de conclure que l'islam a pris une avance décisive entre 1500 et 1900, tandis qu'après une forte poussée initiale le christianisme d'Europe a fini par décliner, stagner et rester en arrière. Personne, bien sûr, ne mesure le succès de cette façon-là – sauf les idéologues musulmans contemporains, qui ne cessent de souligner le manque de religiosité et de moralité en Europe et d'encourager leur public à s'en tenir fermement aux justes préceptes de leur tradition. Mais il est clair qu'il n'en a pas toujours été ainsi.

De l'aube du christianisme au XIXe siècle – et jusqu'à nos jours dans les milieux chrétiens évangéliques –, gagner des âmes a paru un signe de succès autrement important qu'accumuler des biens et du pouvoir. Nos grands récits de l'histoire européenne insistent encore beaucoup sur l'essor triomphal du christianisme, en gros jusqu'au XIXᵉ siècle, où les efforts des missionnaires pour propager la foi sont de plus en plus analysés comme des entreprises excentriques, voire franchement déplaisantes. Un observateur peu charitable pourrait conclure que les chrétiens d'Europe ont assimilé sans hésiter l'expansion de leur religion à celle de la civilisation jusqu'au jour où il est devenu évident que leur foi ne se répandait plus très efficacement, et où ils sont alors passés à un autre ensemble de preuves de civilisation : kilomètres de voies ferrées, production industrielle, puissance militaire, envergure des empires, etc. Certes, l'avance prise par l'islam dans les conversions tandis que le christianisme piétinait n'a joué aucun rôle dans ce changement de critères. Les chrétiens ont toujours eu tendance à considérer l'islam comme une forme de barbarie, et à prétendre que sa réussite était due au simplisme de sa théologie et à sa souplesse face au polythéisme. Mais on ne saurait nier sérieusement l'essor du prosélytisme islamique pendant les siècles dits de « déclin » de l'islam, et la stagnation du prosélytisme chrétien. Ni contester que le succès global de l'islam et du christianisme à s'imposer comme religion(s) dominante(s) au niveau mondial dans les cinq derniers siècles est un phénomène historique aussi impressionnant que le triomphe planétaire de l'impérialisme européen.

On peut rétorquer que les deux expériences d'expansion religieuse ne sont pas comparables, parce que les chrétiens d'Europe, à la différence des musulmans, ont fait preuve d'une ouverture spectaculaire aux idées neuves et ont entrepris, avec les Lumières, de créer une conception du monde supérieure, postscripturaire, que beaucoup de musulmans répugnent encore à embrasser.

Mais cette interprétation de l'histoire pose aussi question. Les sociétés musulmanes étaient-elles vraiment fermées aux idées neuves ? Pour le dire d'un mot : non. Pendant ces mêmes siècles, la communauté musulmane mondiale a absorbé des dizaines de populations nouvelles en Afrique et en Asie, appris leurs langues et leurs coutumes, trouvé un terrain d'entente avec leurs institutions et leurs arts traditionnels, et montré la même capacité remarquable d'adaptation qui avait caractérisé l'expansion initiale de l'islam aux VIIe et VIIIe siècles, puis le développement des confréries soufies dans les siècles intermédiaires. Les Européens, en revanche, collectionnaient avidement les plantes, les animaux et les objets artisanaux des territoires exotiques, et en faisaient parfois très bon usage. Mais pour apprendre les langues qu'on y parlait, assimiler les coutumes locales, respecter les valeurs sociales et artistiques traditionnelles, ils étaient loin de faire preuve de la même ouverture d'esprit. Les idées neuves auxquelles ils étaient ouverts étaient les leurs, pas celles des peuples sujets de leurs empires. Pendant les siècles intermédiaires, quand l'Europe était relativement faible, il lui paraissait raisonnable de faire des emprunts culturels à ses voisins musulmans. Mais l'esprit de la plupart des Occidentaux s'est fermé lorsque l'essor de leurs empires les a convaincus de leur propre supériorité. Or le christianisme occidental, par exemple, n'offrait rien de comparable au pèlerinage annuel à La Mecque, où les fidèles de toute langue et de tout pays pouvaient se rassembler et échanger leurs expériences dans des conditions d'égalité raciale et spirituelle.

C'est ainsi que les sœurs qui avaient si longtemps évolué parallèlement ont séparé leurs chemins. Les monarques européens ont claironné leur intention de christianiser le monde, mais ont fini par opter pour la puissance économique et militaire. Au Moyen-Orient, en

Inde et dans la majeure partie de l'Afrique du Nord (le Maroc, l'Afrique subsaharienne et l'Asie du Sud-Est ont suivi des trajectoires différentes), les souverains musulmans ont consacré leurs énergies à créer des empires continentaux riches et puissants et n'ont pensé que sporadiquement à convertir à l'islam les peuples sur lesquels ils régnaient. Serait-ce trop simplifier les choses que de risquer une hypothèse ? Lorsque le monothéisme scripturaire a joui du soutien politique et financier de puissants monarques, les efforts de prosélytisme ont fini par échouer ; mais comme ce sont des marchands et des soufis itinérants, sans mandat officiel, agissant tout à fait indépendamment des dynastes musulmans, qui ont œuvré à répandre l'islam, ils ont réussi. Ce que cette formulation laisse de côté, c'est une dynamique avérée dans certaines régions d'Afrique et d'Asie : l'islam « non officiel » s'y est répandu justement parce qu'il offrait une alternative puissante au christianisme promu par les impérialistes. Si l'impérialisme était une forme de tyrannie étrangère, l'islam, immuable dans sa vision d'un ordre moral et juridique universel, est progressivement devenu le bastion de la résistance à la tyrannie.

Selon l'hypothèse du « choc des civilisations », l'Occident (judéo-chrétien) a toujours été et sera toujours en conflit avec l'Islam. Selon le modèle de la civilisation islamo-chrétienne, l'Islam et l'Occident sont historiquement des jumeaux, qui n'ont pas cessé de se ressembler quand leurs routes se sont séparées. Le meilleur moyen de donner un sens concret à cette seconde position, c'est de se demander si les sociétés occidentales et islamiques d'aujourd'hui sont vraiment différentes. Dans de nombreux pays, de l'avis de la plupart des spécialistes, une fraction non négligeable des musulmans (12 à 15 % environ) souhaite qu'un gouvernement islamique impose et fasse respecter un ordre moral et comportemental qui lui paraît indissociable du fait même d'être musulman.

Un autre fraction, qui semble à peu près du même ordre ou peut-être un peu inférieure, aimerait vivre dans une société fondamentalement laïque, où la vie spirituelle relèverait de pratiques privées. En général, ces deux minorités s'entre-méprisent et se disputent l'allégeance de la majorité moins idéologique. Comparons avec les États-Unis, pays que les idéologues musulmans perçoivent comme le représentant de toute la société occidentale. Les chrétiens conservateurs de l'Amérique profonde, minorité non négligeable, s'efforcent, par des pressions publiques, de faire imposer par l'État à l'ensemble du pays leurs normes morales fondées sur la religion. Les vestiges rudement étrillés du libéralisme américain des deux côtes, autre minorité, se veulent fidèles aux droits et libertés garantis dans la Constitution mais menacés par la « droite religieuse ». Ces deux minorités s'entre-méprisent et se disputent l'allégeance de la majorité.

Décidément, les deux sociétés restent sœurs. Les commentateurs américains définissent les islamistes militants comme la voix dominante du monde musulman, et reconnaissent à peine qu'on y trouve aussi des esprits libéraux ; simultanément, ils définissent la « droite religieuse » américaine dans des termes entièrement différents : soit une force morale bénéfique, s'ils appartiennent à son camp, soit un phénomène antidémocratique aberrant et à peu près inexplicable. Quant aux commentateurs du monde musulman, tous, islamistes militants ou laïques, voient dans l'Amérique un pays profane, une terre du péché, du commercial et du superficiel, et semblent tout à fait inconscients des admirables qualités dont la plupart des Américains font preuve dans leur vie quotidienne. Ni les militants ni les laïques ne portent grand intérêt à la « droite religieuse » américaine, qui, de plus, vit aujourd'hui une histoire d'amour avec le sionisme. Dans les sociétés musulmanes, les libéraux déplorent le militantisme religieux et souhaitent sa disparition, tandis que les militants voient dans les libéraux locaux des agents de l'influence américaine ou des complices des dictatures. Bref, aucune des deux sœurs ne semble capable d'avoir une vision globale et équilibrée d'elle-même ou de sa jumelle, car aucune n'est prête à se reconnaître dans le miroir.

Si l'on appréhende globalement, et en perspective historique, le monde islamo-chrétien, ce qui l'unit paraît bien plus fort que ce qui le divise. *On ne peut pas pleinement comprendre le passé et l'avenir de l'Occident sans prendre en compte la relation qu'il entretient avec son jumeau, l'Islam, depuis quatorze siècles. Et c'est vrai aussi du monde musulman.* La thèse d'une civilisation islamo-chrétienne comme principe organisateur de la pensée contemporaine s'enracine dans la réalité historique de ces siècles. Espérons que les historiens de la civilisation occidentale et de l'Islam verront l'intérêt de réajuster leurs perspectives pour prendre en compte cette réalité. Mais notre société ne peut attendre que le fleuve tranquille de la réflexion historiographique ait creusé un nouveau lit. L'idée de civilisation islamo-chrétienne répond à un besoin immédiat de tous les Américains : trouver un terrain d'entente avec les communautés de la diaspora musulmane, en cette période où la méfiance, la peur, l'action implacable des États et la démagogie menacent de nous diviser. La civilisation islamo-chrétienne est un concept dont nous avons absolument besoin pour conserver l'espoir de transformer une journée infâme et tragique en tournant historique d'inclusion sociale et religieuse.

Chapitre 2

QU'EST-CE QUI A CONTINUÉ ?

La théorie prédisait que des gouvernants affranchis des liens de la shari'a rechercheraient le pouvoir absolu, et ils lui ont régulièrement donné raison.

« Qu'est-ce qui a mal tourné ? » Cette interrogation est devenue le point de départ imposé des analyses sur le Moyen-Orient contemporain. Comme question historique, elle paraît raisonnable. Au sein même du monde arabo-musulman, la faiblesse et l'échec sont largements admis, et beaucoup craignent que le temps ne fasse qu'aggraver la situation. Il est important de poser les bonnes questions, mais on ne peut le faire sans avoir expliqué pourquoi celle qu'on se pose aujourd'hui est inopérante.

Se demander « ce qui a mal tourné », c'est mettre l'histoire à l'envers. Envisager que quelque chose ait mal tourné suppose un point de comparaison, une idée claire de la façon dont cela aurait dû tourner, un scénario par rapport auquel mesurer l'échec qui s'est produit. Prenons, par exemple, la guerre de Sécession. Les dirigeants des États confédérés voulaient gagner. Ils ont perdu. Après la défaite, ils auraient pu se demander : « Qu'est-ce qui a mal tourné ? » Historiquement, cela aurait eu un sens. C'étaient *leurs* plans qui avaient échoué, et la question aurait été comprise de ce point de vue.

Mais quand on pose la question pour le Moyen-Orient, c'est du point de vue de qui ? Voici comment Bernard Lewis, qui a fait la fortune de cette formule, présente les choses au début de son livre *Que s'est-il passé ?*[1] :

> Qu'est-ce qui a mal tourné ? Cela fait longtemps que le monde musulman, et plus particulièrement le Moyen-Orient, se pose cette question. La forme et le contenu de cette interrogation, soulevée principalement par la rencontre avec l'Occident, varient considérablement selon les circonstances, l'intensité et la durée de cette rencontre, et dépendent beaucoup des événements qui, par comparaison, ont fait prendre conscience aux peuples de la région que tout n'allait pas pour le mieux dans leur société[2].

Cette introduction évite de préciser qui au juste dans le monde islamique s'est posé et se pose la question, mais dit clairement qu'elle est d'ordre comparatif. Pourquoi les populations du monde musulman vivent-elles dans des conditions qu'elles jugent à ce point inférieures à celles que connaissent les Occidentaux ? Au fil de son ouvrage, Lewis détaille les termes de cette comparaison. Le monde islamique, notamment le Moyen-Orient, a un triste retard sur l'Occident à bien des égards : la liberté, l'égalité des sexes, la laïcité, la vitalité économique et intellectuelle, le niveau de vie – pratiquement à tous les points de vue, en fait.

Mais quel chemin aurait-il dû prendre ? et pourquoi les sociétés musulmanes s'en sont-elles écartées ? En soi, une comparaison ne veut rien dire. Comparativement, les États-Unis ont eu un gros retard sur l'Europe dans la musique, le théâtre et les arts plastiques jusqu'à une date avancée du XXᵉ siècle. C'était bien connu des deux côtés de l'Atlantique. Mais nul ne commencerait l'analyse de cette discordance en se demandant : « Qu'est-ce qui a mal tourné ? », parce que les conditions sociales et culturelles dans les deux régions étaient si différentes qu'il n'y a aucune raison de supposer qu'elles auraient dû faire aussi bien dans ces domaines.

Le monde musulman n'a jamais possédé de carte routière indiquant un itinéraire clairement balisé vers une terre promise d'égalité avec l'Europe. Certes, il a eu des gouvernants et hommes d'État qui ont cherché à devenir aussi riches que les puissances européennes, ou aussi puissants militairement, et quelques-uns ont pensé que des principes et des institutions de type libéral les aideraient peut-être à y parvenir. Mais aucun n'a rêvé qu'un habile déploiement d'idées et de techniques européennes allait réussir à créer dans le monde islamique, vers la fin du XXe siècle, des sociétés, des États et des économies aussi libres, prospères et dominants que ceux de l'Europe et de l'Amérique du Nord. Si je peux l'affirmer avec assurance, c'est que personne en Europe et en Amérique du Nord ne savait où le bateau sur lequel ils étaient embarqués conduisait les Occidentaux. Les objectifs grandioses que l'Occident croit aujourd'hui avoir atteints – l'égalité des races et des sexes ; la paix et l'unité entre les pays européens ; la domination mondiale de l'économie euro-américaine de libre entreprise, affranchie des frontières artificielles et des rivalités entre empires ; l'hégémonie incontestée du régime démocratique – ont été invisibles pour les Européens comme pour les Américains pendant tout le XIXe siècle et l'essentiel du XXe.

Il est réconfortant de se dire, quand tout va bien, qu'on se trouve là où l'on devait nécessairement aller, qu'on a pris la bonne route. Depuis que les nazis ont été vaincus, que l'Union soviétique s'est effondrée, que les empires européens recrus de guerre ont quitté leurs colonies et que la France et la Suisse ont fini par donner aux femmes le droit de vote, il est très tentant de croire que l'histoire devait forcément tourner de cette façon-là. En réalité, elle a bien failli tourner horriblement, irrémédiablement mal, comme en témoignent les dizaines de millions de tombes des victimes des guerres, de l'oppression et du génocide européens.

Dans la mesure où, dans le monde musulman, des observateurs ont essayé de temps à autre d'adopter un point de vue comparatif, et d'imaginer des moyens de contrer ou d'égaler l'avance économique et politique incontestable et croissante de l'Europe, leur élément de comparaison n'était pas la société euro-américaine de la fin du XXe siècle. C'étaient la société et les régimes politiques européens dominants de leur temps, les États impérialistes, fascistes et communistes autant que les démocraties libérales.

En 1810, quand Méhémet-Ali rêvait de rendre l'Égypte aussi puissante que n'importe quel État européen, son point de repère était Napoléon : pas de démocratie, pas de valeurs libérales, seulement la puissance massive de l'État militaire impérial et la volonté du monarque absolu. C'est la voie qu'il a choisie. En 1856, quand, au lendemain de la guerre de Crimée, un sultan ottoman a promulgué une série de décrets instituant des réformes d'inspiration européenne, ses points de comparaison étaient la France de Napoléon III et la Grande-Bretagne de la reine Victoria : pas d'égalité des sexes, pas de synergie économique internationale, pas d'éducation pour tous, seulement le gant de velours dissimulant le poing impérialiste. Et c'est la voie qu'a suivie, deux décennies plus tard, le sultan Abdulhamid II. Quand Mustafa Kemal Atatürk élaborait les principes de la République turque dans les années 1920, ses points de comparaison étaient Benito Mussolini et Joseph Staline : pas d'ouverture politique, pas de liberté d'expression, pas de libéralisme économique. Il a pris le même chemin.

Le miracle de l'Europe à l'aube du XXIe siècle, c'est qu'en dépit des horreurs des deux siècles précédents elle a dit adieu à l'empire, mis de côté rivalités nationales et conflits armés, opté universellement pour la démocratie et les libertés civiles, et reconnu – enfin – l'égalité fondamentale de tous les êtres humains. C'est un dénouement merveilleux, mais on ne saurait dire qu'il était prévisible ni inévitable, et encore moins qu'il est l'aboutissement d'un itinéraire de développement qui aurait pu être observé et suivi par les peuples d'autres territoires et qui les aurait menés au même endroit. L'idée selon laquelle les Moyen-Orientaux se seraient fixé autrefois l'objectif de « devenir comme l'Europe » et auraient espéré, en adoptant les convictions et les institutions européennes, jouir un jour de l'ensemble des valeurs libérales en vigueur dans l'Europe d'aujourd'hui est une absurdité. Elle postule une issue de l'histoire européenne que personne, même en Europe, n'aurait pu prédire.

Donc, d'où est venue l'idée que quelque chose « a mal tourné » ? Puisque c'est Bernard Lewis qui l'a rendue populaire, son premier ouvrage scientifique important, *Islam et laïcité. La Naissance de la Turquie moderne*, paraît un lieu d'investigation raisonnable. Il a achevé ce livre en 1960, mais sa genèse date des années 1949-1950, où il est allé faire ses recherches en Turquie. Il exprime ses sentiments sur la Turquie de 1950 dans la préface à la troisième édition du livre, parue en 2002, l'année où il a aussi publié *Que s'est-il passé ?* :

> Avec le recul, il apparaît que plusieurs facteurs ont déterminé l'approche fondamentale, la conception dominante et les conclusions finales du livre. [...] Dans mes études historiques, j'ai commencé par l'islam médiéval, puis je suis passé à l'Empire ottoman, et enfin, plus tard, à la Turquie moderne. [...] Je suis entré en Turquie, si j'ose dire, par le passé et par le sud [*c'est-à-dire en venant des territoires centraux de la civilisation médiévale islamique, premier champ de recherche de Lewis*], et non par le présent et par l'ouest, ce qui m'a permis de

comprendre autrement – et, j'ose le dire, mieux – le pays, son histoire et sa culture, donc ses problèmes [3].

Moi aussi, j'ai passé bien des années exclusivement immergé dans les études islamiques médiévales avant de m'intéresser au Moyen-Orient moderne, et je partage l'autosatisfaction de Lewis : aborder la période moderne en venant du passé musulman médiéval m'a amené à comprendre différemment – et mieux, effectivement – l'histoire, la culture et les problèmes de la région. Lewis poursuit :

> Il y a eu un second facteur déterminant, d'importance au moins égale : la situation mondiale pendant mes années de formation et dans la période où le livre a été entrepris et rédigé. Toute la vie, toutes les pensées des hommes et des femmes de ma génération ont été dominées, et en fait totalement orientées, par les luttes titanesques auxquelles ils ont participé ou dont, au strict minimum, ils ont été les témoins : la défaite du fascisme et – on le voyait ainsi à l'époque – sa destruction par les démocrates et les communistes coalisés ; la lutte qui avait suivi entre ces anciens alliés, couramment nommée « guerre froide », pour décider lequel des deux allait modeler l'avenir du monde ; l'émergence d'un troisième bloc, neutraliste, dans certains pays libérés par le repli des empires occidentaux. Dans les années 1950, ces problèmes paraissaient très importants, et les choix auxquels nous étions confrontés conservaient encore quelque chose de la clarté, voire du tranchant, qu'ils avaient eus pendant les années de guerre et qu'ils ont ensuite perdus [4].

Par « les hommes et les femmes de ma génération », il est clair que Lewis entend essentiellement les Européens et les Américains. Quant aux Palestiniens mués en réfugiés par le triomphe israélien de 1948, aux Égyptiens levés en masse pour soutenir Gamal Abdel Nasser après la révolution de 1952, aux Iraniens effondrés quand la CIA et les services de renseignement britanniques ont aidé le shah à écraser le mouvement nationaliste de Mohammed Mossadegh en 1953, ou aux Algériens entrés en guerre en 1956 pour libérer leur pays du colonialisme français, « toute [leur] vie, toutes [leurs] pensées ont été dominées, et en fait totalement orientées », par leurs propres drames nationaux, et non par la défaite du fascisme et la lutte contre le communisme. Et il est difficile de reconnaître l'exaltation de la conquête de l'indépendance nationale ou les affres de l'échec de la lutte de libération dans ce que Lewis appelle platement « l'émergence d'un troisième bloc neutraliste dans certains pays libérés par le repli des empires occidentaux ». Les problèmes des années 1950 qui ont passionné les hommes et les femmes de la génération de Lewis en Occident n'étaient absolument pas les mêmes que ceux qui ont passionné cette génération dans le monde musulman.

Mais on peut aisément comprendre que, du point de vue de Lewis, le spectacle politique sensationnel de 1950 ait été enthousiasmant. Cette année-là, dans des élections libres, le Parti démocrate fraîchement créé en Turquie sous la direction d'Adnan Menderes a renversé le Parti républicain du peuple, qui dominait tous les gouvernements turcs depuis que la République et lui-même avaient été fondés par Atatürk en personne. Le renversement de Menderes par les militaires, son procès et son exécution pour violation de la Constitution appartenaient encore à l'avenir : ils n'auraient lieu que dix ans plus tard. Et, tandis que s'amoncelaient les nuages de la guerre froide, personne n'était encore prêt à se demander si le soudain virage de la Turquie vers la démocratie avait quelque chose à voir avec le soutien financier et militaire apporté par les États-Unis dans le cadre de la doctrine Truman, ou avec son désir, devenu réalité deux ans plus tard, d'être admise dans l'OTAN (quand on pense que la Turquie est aujourd'hui confrontée à des exigences explicites de réformes libérales pour se faire accepter dans l'Union européenne, on a la forte impression que l'histoire se répète).

> Ce contexte d'engagement clair a donné une résonance particulière au tour déjà spectaculaire en soi qu'ont pris les événements en Turquie à l'époque où ce livre a été conçu et écrit. Qu'aurait-il pu y avoir de plus radieux, de plus conforme au climat d'optimisme créé par la victoire et que la guerre froide n'avait pas encore dissipé, que le spectacle d'une nation se libérant de chaînes très anciennes – d'un pays aux mœurs et traditions autoritaires depuis un temps immémorial virant à la démocratie ? Un régime [celui du Parti républicain du peuple] qui, depuis des décennies, détenait en pratique le monopole du pouvoir avait entrepris d'œuvrer, systématiquement, à préparer, organiser et superviser sa propre défaite électorale. Aujourd'hui encore, plus de cinquante ans après, en dépit de tous les revers et frustrations qui ont suivi – et il y en a eu beaucoup –, aucun de ceux qui étaient là-bas à l'époque n'a jamais pu oublier l'exaltation, l'ivresse de ce premier pas de géant de la Turquie en direction d'une société libre et ouverte [5].

Loin de moi l'idée de contester ce que dit Lewis de l'ivresse de ce moment, ou de la puissance qu'il conserve cinquante ans plus tard. Quant au « climat d'optimisme qu'avait apporté la victoire », c'est une autre affaire. La victoire de qui ? L'optimisme de qui ? La Turquie était neutre pendant la Seconde Guerre mondiale ; l'Iran avait été occupé militairement, et son souverain, déposé. Le reste du Moyen-Orient vivait sous une chape impérialiste plus ou moins oppressive. En Égypte, en Palestine, en Irak et en Iran, pour ne nommer que ces quatre pays, des aspirants au pouvoir politique avaient tenté de prendre langue avec les puissances de l'Axe afin d'obtenir leur soutien contre l'impérialisme. Six mois après la victoire en Europe, la Grande-Bretagne et la France n'avaient annoncé aucun plan d'assouplissement de leur mainmise impériale sur les territoires musulmans, et l'Union soviétique ne manifestait aucune intention de respecter son engagement, pris pendant la guerre, d'évacuer le territoire iranien. En l'absence d'informations précises à l'appui de l'interprétation de Lewis, il semble donc que, si l'élan d'optimisme qu'il décrit était effectivement partagé par les Turcs, ce n'était pas pour les mêmes raisons.

Voici donc la réponse à notre interrogation initiale, où nous nous demandions qui pose la question : « Qu'est-ce qui a mal tourné ? » Ce ne sont pas des « habitants du monde islamique » non identifiés, mais plutôt Lewis lui-même. Il a été témoin en 1950, avec un regard clairement européen, de ce qu'il a pris pour le « premier pas de géant de la Turquie en direction d'une société libre et ouverte », et son impression n'a rien perdu de sa force après plus de cinquante ans. Y a-t-il aujourd'hui en Turquie une société libre et ouverte ? Non. Y a-t-il une société libre et ouverte où que ce soit au Moyen-Orient musulman, ou dans le monde musulman en général ? Non. Qu'est-ce qui a mal tourné ? C'est l'idée que s'est faite Lewis de l'objectif qui constitue le point de comparaison. Il a le sentiment que la marche vers cet objectif a déraillé. C'est ce qui motive sa question.

Sans le vaste écho public qui a été donné à sa formule, il n'y aurait aucune raison de lui consacrer tant d'attention. Tout Occidental qui se rend au Moyen-Orient – en visiteur occasionnel ou pour y vivre plus longtemps, enfermé dans le cocon caractéristique des communautés d'expatriés – généralise à l'excès ce qu'il a vécu (les Moyen-Orientaux qui séjournent en Europe et aux États-Unis en font autant). Celui qui est allé en Iran pour la première fois en 1971, pendant qu'on préparait les fastueuses cérémonies décidées par le shah pour célébrer deux mille cinq cents ans de gloire impériale iranienne, en est peut-être revenu convaincu de la solidité durable de la grandeur auto-cratique, et c'est bien compréhensible, tout comme on comprend que le voyageur de 1979 soit rentré chez lui persuadé que la révolution islamique était la force d'avenir. Comme Lewis, le premier aurait pu plus tard se demander ce qui avait mal tourné quand le shah a cédé son trône à l'ayatollah Khomeyni, et le second se poser la même question quand la victoire électorale écrasante du président Khatami a conduit à une répression féroce des dissidents et non à la libéralisation. Les visiteurs prennent des instantanés et les relient par des pointillés. Ils examinent quelques arbres épars et ils extrapolent des forêts. Quand ils demandent ce qui a mal tourné, ils ont eux-mêmes fabriqué leur point de comparaison.

Mais quelle est, dans ces conditions, la question que se posent les gens à l'intérieur même du monde musulman ? Parmi les nombreuses interprétations de l'histoire, laquelle contribue le plus à expliquer les malheurs bien connus du présent ? La liste des explications est longue : l'absence de liberté politique ; la dilapidation de la richesse nationale en armements ; la répression des opposants et de toute expression libre ; la stagnation économique ; l'exportation des capitaux par les riches ; le chômage massif ; l'enseignement abêtissant ; les inégalités entre les religions, les ethnies et les sexes, et la rancœur qu'elles créent ; la croissance démographique excessive ; etc. Certaines interprétations retiennent beaucoup l'attention. Nombreux sont ceux qui pensent que le plus important a été la création de l'État d'Israël, et le soutien que lui ont apporté les États-Unis à partir de 1967. Pour d'autres, le lourd héritage de l'impérialisme, sous ses multiples formes, est la meilleure clé. D'autres encore se concentrent sur des complots occidentaux pour priver les musulmans de toute possibilité de défendre efficacement leurs intérêts. Et quelques-uns, comme Lewis, voient la main mortifère de l'islam derrière tous les échecs. Ce que toutes ces interprétations ont en commun, c'est l'idée d'une force méchante, malveillante, qui ne cesse d'empêcher les bonnes choses d'arriver.

Réfuter ces multiples lectures de l'histoire n'aurait guère d'intérêt. Ceux à qui elles sont chères n'y renonceront probablement pas pour autant, et la plupart contiennent une part de vérité. De toute manière, nous n'avons aucun besoin d'une explication unique et globale pour un phénomène d'aussi grande portée que la désolation qui accable le monde musulman. Au lieu de réfuter, je vais proposer une autre question, trop rarement posée : qu'est-ce qui a bien tourné ?

QU'EST-CE QUI A BIEN TOURNÉ ?

Lewis, très raisonnablement, nous demande d'examiner quels ont été les points de vue des habitants du monde islamique quand ils ont constaté divers écarts entre leur situation et celle des citoyens des pays occidentaux. Certains se trouvent dans des Mémoires, des récits de voyages, des brochures politiques, des romans. D'autres sont à lire dans les entreprises des gouvernants du début du XIXe siècle à nos jours, de Méhémet-Ali d'Égypte et du sultan ottoman Mahmoud II à Hosni Moubarak ou aux héritiers fraîchement couronnés au Maroc, en Jordanie, en Syrie, à Bahrein et au Qatar.

Tous ces personnages, et des milliers d'autres dont les noms ne sont pas restés dans l'histoire, ont observé des différences marquantes entre leurs propres sociétés et celles de l'Europe. Mais ils n'ont pas tous observé les mêmes différences. Un auteur va parler du charme des épaules nues des femmes en robes de bal ; un autre des succès scientifiques européens ; un troisième, de la puissance de feu choquante, effroyable, des armées occidentales. Quant aux gouvernants, ils reconnaissent très généralement les écarts de puissance économique et militaire, mais ne sont pas d'accord sur les sources de ces disparités. Certains veulent moins d'islam, d'autres davantage. Certains veulent libéraliser le commerce, d'autres fermer la porte.

Les observations arabes et musulmanes ne reflètent pas toujours le sentiment que tout va mieux en Occident. L'ardent militant musulman Sayyid Qutb, boute-feu et martyr de l'embrasement révolutionnaire d'aujourd'hui, a passé les années 1948-1950 aux États-Unis, observé une multitude de différences et conclu que l'islam offrait un meilleur chemin vers l'avenir. Il est donc loin d'être évident que l'observation comparative aboutisse à une idée cohérente de ce qui manque au monde musulman, ou même au sentiment que les différences avec l'Occident sont toujours à interpréter comme des déficiences musulmanes. De plus, quand elles sont effectivement perçues ainsi, la nature de la déficience, et les recommandations pour la corriger, diffèrent d'un observateur à l'autre.

Pour partir du niveau de l'individu, un exemple suffira. Écrivant du point de vue le plus profane et pratique dans les années 1890, un obscur fonctionnaire égyptien nommé Yusuf Bushtali se concentre sur la vie quotidienne dans son *Hidyat al-Muluk fi Adab al-Suluk* [La Conduite des rois sur la convenance du comportement], sous-titré en français *Étiquette*[6]. Son sujet est « l'entrée de la civilisation occidentale et des coutumes de son peuple dans notre pays oriental ; le consentement des Orientaux à acquérir les sciences et les arts des Occidentaux ; et leur imitation dans le manger, le boire, l'habitat et le vêtement[7] ».

Les Occidentaux, observe-t-il, « dépensent des dirhams et des dinars et traversent les mers et les déserts pour venir dans ce pays étudier nos coutumes. Ils observent nos maisons, nos mosquées et nos lieux de réunion. Ils assistent à nos mariages, à nos fêtes, à nos naissances et à nos funérailles. Puis ils écrivent de volumineux ouvrages à ce sujet. Ils achètent nos produits et les objets artisanaux du peuple de notre pays aux prix les plus élevés et s'en servent pour orner leurs maisons, leurs musées et les palais de leurs souverains. Ils étudient nos langues et recherchent les traces de nos lointains ancêtres. Ils déchiffrent les secrets que nos ancêtres ont écrits sur des pierres dures afin de comprendre leurs mœurs et leur savoir ».

Puis, après avoir énuméré et loué les vertus traditionnelles et persistantes de ses compatriotes, il déclare : « Il est parfaitement clair qu'étudier les coutumes et les peuples de l'Occident est une obligation absolue » – il utilise ici une expression technique de la loi islamique, *fard wajib* – « pour tout Oriental qui veut se mêler à eux et se rapprocher d'eux afin de vivre parmi eux en égal reconnu, et pas en inférieur par la compréhension et l'éducation élémentaire[8] ».

Suivent quatre cents pages de descriptions des coutumes occidentales, minutieusement observées. Les sujets abordés sont très divers : déplacements en voiture de maître, cartes de visite, jeux de société, étiquette dans les dîners, cadeaux de mariage, danses, et une longue section sur les aliments occidentaux, dont des listes de plats en français, anglais et arabe, avec des gravures au trait montrant comment on découpe un poulet ou un lapin.

Qui était Bushtali ? Personne. Un petit fonctionnaire. Les histoires de la littérature arabe moderne l'ignorent, et ce qu'il recommande, l'imitation servile des manières occidentales, froisse les sensibilités nationalistes arabes apparues deux décennies après son livre et qui perdurent aujourd'hui. Mais sa façon d'aborder le problème de la différence témoigne d'une perspicacité considérable, de type béhavioriste. Les différences qu'il voit entre les Égyptiens et les Européens sont clairement des déficiences. Certes, apprendre à se comporter comme les

Occidentaux ne lui paraît obligatoire que pour les Égyptiens qui souhaitent se mêler à eux, mais il affirme explicitement que le prix à payer si on ne le fait pas est le dédain des Européens. De plus, les Égyptiens qui étudient le comportement des Occidentaux ne sont pas le reflet inversé des Occidentaux qui examinent le comportement, les langues, etc., des Égyptiens. L'ethnographie, l'archéologie et l'orientalisme européens produisent de volumineux ouvrages, mais il ne dit jamais que les Européens aspirent à être traités en égaux par les Égyptiens. Le conseil qu'il donne à ses compatriotes n'a pas pour but de produire des ouvrages ethnographiques, bien que ce soit précisément ce qu'il est en train de faire lui-même, mais de produire une égalité de statut, ce qui veut dire non seulement l'acceptation sociale, mais aussi la reconnaissance d'un niveau de compréhension équivalent. Un Égyptien qui se comporte exactement comme un Occidental, il en est convaincu, sera reçu en Occidental.

On peut se demander si Bushtali croyait vraiment que lire un manuel sur l'étiquette serait d'un grand secours. Néanmoins, son raisonnement fondamental était à la fois juste et très répandu. D'innombrables musulmans ont agi, consciemment ou non, sur la base du syllogisme avancé par Bushtali : *a)* les Européens ne respectent pas ou n'acceptent pas comme égaux les non-Européens qui se comportent en « indigènes » ; *b)* les Européens acceptent les non-Européens qui apprennent à se vêtir, à converser et à se comporter en toute chose à l'européenne ; *c)* donc les non-Européens qui souhaitent se faire accepter en égaux doivent apprendre à se comporter à l'européenne. Formulée consciemment ou ressentie intuitivement, cette idée simple continue à guider la vie de nombreux Arabes et musulmans jusqu'à nos jours.

Dans les clichés bien ancrés sur le monde arabe et musulman depuis un siècle ou à peu près, il y a de nombreux cas de réaction favorable des Occidentaux à des

« indigènes » qui ont la tenue, les manières et la sociabilité européennes, et d'autres cas où des non-Européens sont décriés pour leurs vaines tentatives de singer les coutumes occidentales. Ces réflexes ont plus tard renforcé des sentiments politiques : comparons l'accueil chaleureux que reçoivent des Arabes au costume impeccablement coupé, comme Hussein, l'ancien roi de Jordanie, ou le prince Bandar bin Sultan, ambassadeur d'Arabie saoudite aux États-Unis, et les fréquents commentaires caustiques sur le visage mal rasé de Yasser Arafat et sa tenue militaire incongrue. Mais quelle autre solution y a-t-il pour celui qui veut être respecté par les Occidentaux ? Les non-Occidentaux qui gardent leurs propres vêtements et usages peuvent parfois se faire admirer, comme habitants hauts en couleur de terres semi-civilisées. Pensons par exemple à Hamid Karzai, avec sa robe multicolore et son feutre afghan. Mais les caricatures qui ridiculisent les cheikhs pétroliers arabes en djellaba et keffieh associent la conservation de styles et d'habitudes non occidentales à des pulsions primitives, voire perverses. Quant aux Européens qui « s'indigénisent » et adoptent la tenue et les coutumes locales – coquetterie assez courante chez les Anglais du XIX\ :superscript:e siècle –, ils sont régulièrement perçus comme des excentriques ou des charlatans. Un Turc, un Arabe ou un Perse en complet-veston peut être traité en égal. Un Américain, un Anglais ou un Allemand en turban est un bouffon. Comme Bushtali l'a si bien vu, l'échange culturel entre l'Ouest et le non-Ouest repose sur le postulat de la supériorité occidentale.

Si Bushtali était vivant aujourd'hui, il remarquerait sûrement que les choses ont manifestement fort bien tourné pour de nombreux Arabes et musulmans. Les hommes d'affaires koweïtiens munis d'appartements à Londres, de tailleurs de première classe et de diplômes des universités américaines et britanniques sont incontestablement reçus en égaux, et on écoute leurs opinions avec respect dans les cercles occidentaux qu'ils fréquentent. Des médecins iraniens et libanais qui exercent aux États-Unis se situent au plus haut niveau de leur profession. Des professeurs palestiniens élégamment vêtus enseignent dans des universités renommées et écrivent des livres d'avant-garde qui s'attirent le respect mondial. À l'époque de Bushtali, une telle perspective était presque impensable, et l'on a toujours du mal à imaginer qu'on en serait là si les intéressés avaient décidé de ne compter que sur leurs compétences personnelles, sans les agrémenter d'une garde-robe, d'une éducation et d'un comportement occidentaux.

Inutile de préciser que la possibilité d'accéder à ces desiderata de l'acceptation occidentale n'est pas et n'a jamais été à la portée de tout le monde. Paradoxalement, les individus pour lesquels, grâce au statut de leur famille, à leur fortune ou à leurs croyances religieuses non musulmanes, l'assimilation aux modes de pensée et de comportement de l'Occident a été la plus facile sont souvent ceux qui ont ressenti le plus vivement l'écart entre les conditions de vie de leurs compatriotes et celles des Européens et Américains de naissance. Leur angoisse montre bien que, si l'assimilation peut permettre à des individus de combler l'écart dans les situations vécues, les problèmes de leur société d'origine doivent être abordés d'un point de vue systémique.

Est-ce donc parce qu'il a été mal dirigé que le monde musulman n'a pas réussi à rester à la hauteur de l'Occident ? Dans l'histoire des efforts des nations non occidentales pour rattraper l'Europe, un dirigeant est unanimement reconnu comme exemplaire : l'empereur du Japon Meiji. De 1868 à sa mort, en 1912, il a présidé à une transition dans presque tous les aspects de la vie japonaise. Une Constitution a été promulguée, un système parlementaire fondé sur des élections est apparu. L'égalité a été atteinte dans les traités internationaux. La croissance industrielle et les réformes militaires ont conduit à la victoire dans la guerre russo-japonaise de 1905 et, à partir de là, à la reconnaissance du Japon comme grande puissance. Quels que soient les problèmes qui assaillent aujourd'hui l'économie japonaise, personne, ni les Japonais ni les Occidentaux, ne voit d'erreurs graves dans la voie suivie pendant l'ère Meiji.

Mais ce n'est pas Meiji qui a conçu cette voie. S'il a choisi les personnalités à mettre aux postes de commande et a défendu leurs décisions, lui-même n'a pas gouverné, ni mis en avant ses idées personnelles. Les écrits qu'il nous a laissés sont presque exclusivement composés de poèmes. Il observait les manœuvres militaires, il insistait pour partager personnellement l'inconfort de ses soldats, mais parce qu'il pensait que c'était son devoir, pas parce qu'il voulait apprendre la stratégie ou participer à l'élaboration des plans de l'armée. Il donnait de l'argent aux victimes des désastres naturels, mais répugnait tant à en dépenser pour lui-même qu'il n'a pu se résoudre à construire un palais convenable dans sa capitale. Très versé dans les classiques de la pensée confucéenne, il a servi son pays avec zèle et humanité, et à sa mort on l'a beaucoup pleuré.

En revanche, les dirigeants du monde arabo-musulman qui ont le plus ardemment cherché à égaler l'Occident étaient aussi habités par des rêves de pouvoir personnel illimité. En tant que chefs d'État, ils partageaient une série d'objectifs communs : conserver ou obtenir leur indépendance par rapport à la mainmise européenne ; renforcer leur pays économiquement et militairement ; raffermir leur contrôle sur la population de leur territoire ; développer et rendre plus européennes les compétences de ceux qui servaient leur État ; et se libérer des critiques, réelles ou potentielles, des hommes de religion musulmans.

Mais une visée implicite l'a toujours emporté sur les buts affichés : maximiser son pouvoir personnel. Méhémet-Ali, chef militaire envoyé par le sultan ottoman en Égypte pour aider à en reprendre le contrôle après le retrait du corps expéditionnaire de Napoléon en 1801, a utilisé les techniques économiques et militaires européennes pour devenir un souverain tout-puissant dans son pays et une menace pour son maître à Istanbul. Finalement, il n'a pas réussi à détrôner le sultan, mais il a obtenu pour ses descendants le droit de régner sur l'Égypte à titre héréditaire. Abdulhamid, le « sultan rouge » paranoïaque qui a gouverné l'Empire ottoman de 1876 à 1909, a été le pionnier des techniques d'espionnage intérieur et de répression aujourd'hui en plein essor dans les dictatures du Moyen-Orient. Recourant à ces techniques pour écraser l'opposition, les hommes forts non monarchiques d'aujourd'hui fondent leur pouvoir illimité sur des élections dans lesquelles ils n'affrontent aucun adversaire, et ils aspirent à la même réussite que Méhémet-Ali : transmettre leurs fonctions à leur fils. Bachar al-Assad a succédé à son père Hafez en Syrie. Saddam Hussein préparait ses fils Oudaï et Qoussaï à lui succéder en Irak. Hosni Moubarak fait de son fils Gamal le leader de la nouvelle génération en Égypte. Cette série d'aspirants dynastes a pour pendants, bien sûr, les vrais dynastes du Maroc, de Jordanie, d'Arabie saoudite et des États du Golfe. Qu'il soit héréditaire en droit, héréditaire de fait ou usurpé par des dictateurs militaires ou de parti unique, le pouvoir des gouvernants s'accroît inexorablement dans tout le Moyen-Orient depuis deux siècles. Et, à de rares exceptions près, les dirigeants ne pensent qu'à étendre leur puissance personnelle, pas à se sacrifier pour servir leur peuple.

Donc quelque chose a bien tourné – à un niveau individuel, là encore. Les dirigeants voulaient davantage de pouvoir personnel, ils ont eu davantage de pouvoir personnel. Ce qu'on appelle les « despotismes » du monde islamique du XVIIIᵉ siècle fait pâle figure, en matière de contrôle totalitaire, à côté des régimes policiers de la fin du XXᵉ siècle. Et les cultes de la personnalité médiatisés d'aujourd'hui, illustrés par l'omniprésence des portraits du chef de l'État, dépassent de très loin les efforts passés pour imposer à un pays la personne du gouvernant. Les pièces de monnaie ottomanes portaient la signature ornée, et presque illisible, du sultan ; mais les traits de son visage étaient inconnus de la plupart de ses sujets. Dans l'histoire moderne du Moyen-Orient, aucun dirigeant ne ressemble, même de loin, à l'empereur Meiji, avec son abnégation personnelle, son sens du devoir, sa réserve, même si les Turcs et les Arabes attentifs aux événements mondiaux n'ont cessé, à partir de 1905, de regarder vers le Japon, et de voir en lui le modèle du succès dans l'affrontement avec l'Europe.

LA *SHARI'A* CONTRE LE SULTAN

Meiji avait toujours vécu immergé dans la pensée confucéenne, et celle-ci l'a conditionné à être pour son pays un serviteur – emblématique et semi-divin, certes – et non un exploiteur ou un autocrate assoiffé de pouvoir. Je vais montrer dans la suite de ce chapitre que les visions du monde des dirigeants arabes et musulmans ont été aussi conditionnées par les traditions politiques islamiques que celle de Meiji par son éducation confucéenne. Je ne veux pas dire par là qu'ils ont mal exercé le pouvoir parce qu'ils étaient musulmans, ou qu'ils ont été victimes des viles machinations de religieux islamiques. Mon raisonnement sera inverse : la relation historique entre l'État et la religion, qui, dans l'aile chrétienne de la civilisation islamo-chrétienne, a débouché sur une idéologie de séparation pacifique (et parfois pas si pacifique), s'est muée dans l'aile musulmane en rivalité acharnée, et, dans ce cadre, le pouvoir personnel tyrannique associé à la répression des voix religieuses critiques apparaît comme la réalisation d'une prophétie.

La pensée islamique traditionnelle avait horreur de la *fitna*, mot qui signifie « bouleversement », « désordre », et qui désigne tout ce qui va de l'émeute à la guerre civile. L'anarchie était intolérable, l'État était une nécessité sociétale. En revanche, la pulsion qui incitait les gouvernants à maximiser leur pouvoir jusqu'à la tyrannie, *zulm*, apparaissait comme un corollaire naturel de l'État. Ce qui empêchait les monarques d'agir en tyrans, c'était uniquement la loi islamique, la *shari'a*. Puisqu'elle était fondée sur des principes divins et non humains, aucun gouvernant n'avait le pouvoir de la changer pour servir ses intérêts. Et puisque l'interprétation de la loi était la prérogative des oulémas, les lettrés religieux, les gouvernants qui étaient tentés de passer outre à la loi et d'acquérir ainsi un pouvoir absolu devaient trouver le moyen de rallier, circonvenir ou réprimer les oulémas.

Cette description est assez claire dans ses grandes lignes. Les spécialistes sont quasiment tous d'accord là-dessus. Pour l'historien turc Halil Inalcik, la source de cette pensée est un « cercle vertueux de la justice » des temps préislamiques. Il rappelle ces propos apocryphes d'un shah perse du VIᵉ siècle cités par l'un des premiers chroniqueurs musulmans : « Avec la justice et la modération, les gens produiront plus, les recettes fiscales augmenteront et l'État deviendra riche et puissant. Le fondement d'un État puissant est la justice. » Et ce passage de l'un des plus anciens ouvrages turcs sur l'art de gouverner, qui date du XIe siècle : « Tenir l'État exige une armée nombreuse. Entretenir des troupes demande une grande richesse. Pour avoir cette richesse, il faut un peuple prospère. Pour que le peuple soit prospère, les lois doivent être justes. Si l'on néglige l'un ou l'autre de ces points, l'État s'effondrera [9]. »

Dans la version musulmane du cercle vertueux de la justice, la garantie de cette justice est la *shari'a*. Même Bernard Lewis, avec son regard généralement négatif sur les traditions islamiques, reconnaît l'association forte de la *shari'a* avec la justice et l'opposition à la tyrannie : « Alors que les Occidentaux prenaient l'habitude de penser le bon et le mauvais gouvernement en termes de tyrannie et de liberté [...], dans le discours islamique classique, le contraire de la tyrannie n'était pas la liberté, mais la justice. Et, dans ce contexte, la justice signifiait essentiellement deux choses : que le souverain était légitime et non un usurpateur, et qu'il gouvernait conformément à la loi divine, ou du moins conformément à des principes juridiques et moraux reconnus [10]. »

L'usage métaphorique du mot « liberté » est un lieu commun de la rhétorique politique européenne depuis qu'Hérodote a célébré la victoire qui a permis aux Grecs d'échapper à leur « asservissement » métaphorique par les envahisseurs perses de Xerxès. Mais la réalité que traduit la métaphore change avec les époques. Les Grecs voulaient garder l'indépendance de leurs cités-États. Cela dit, étant eux-mêmes esclavagistes, ils connaissaient parfaitement la différence entre le statut de sujet du Grand Roi et l'esclavage. Deux mille ans plus tard, « liberté » était encore un mot codé. Lorsque Patrick Henry s'écrie : « Donnez-moi la liberté ou donnez-moi la mort ! », il proteste contre la fiscalité abusive de la couronne britannique, pas contre les chaînes de la servitude. Encore plus récemment, en reprenant le « Laisse partir mon peuple » de Moïse, *Let my people go*, Martin Luther King avait en tête l'égalité économique et sociale, tragiquement absente puisqu'elle n'avait pas accompagné l'émancipation. Quant au « monde libre » de la rhétorique de la guerre froide, il mettait un signe égale entre « absence de liberté » et « régime de parti unique communiste », alors que de nombreux pays de ce « monde libre » vivaient sous des régimes de parti unique non communiste, des dictatures ou des monarchies absolues.

Dans ces conditions, à quoi va-t-on comparer l'indispensable « justice » de la théorie politique musulmane, si « liberté » est une métaphore aussi variable ? Certains épisodes cruciaux de l'essor de la démocratie en Europe et en Amérique du Nord attirent notre attention sur la fiscalité. « Pas de taxation sans représentation » n'était pas un cri de guerre aussi exaltant que celui de Patrick Henry, mais il reflétait une réalité concrète. Les colonies américaines de la Grande-Bretagne étaient indignées d'être taxées par un Parlement qui ne les représentait pas. Même problème en France dix ans plus tard. Louis XVI a réuni les États généraux, l'assemblée houleuse qui a déclenché la Révolution française, parce qu'il avait besoin de lever des impôts.

Certes, la révolte fiscale ne peut expliquer qu'en partie les rébellions contre l'autorité légitime. Néanmoins, à la différence de la « liberté », mais comme la « justice », elle est concrète. Les gens font l'expérience de la tyrannie sous des formes précises – extorsions, injustices – et cherchent le moyen de lui résister. Si la tyrannie a absolument besoin d'argent, lui retirer l'autorisation de taxer peut être efficace. Si, en temps de guerre, elle a absolument besoin de soldats, comme la Russie tsariste pendant la Première Guerre mondiale, la mutinerie et la désertion peuvent l'abattre. Quand une population se lève contre la dictature, quel que soit le contexte culturel, elle se sert des outils qui ont le plus de chances d'être efficaces. Dans le contexte culturel islamique, le meilleur outil est la plupart du temps d'en appeler à la justice, et notamment à la justice enracinée dans la *shari'a*.

Ce qui permet de supposer que l'appel à la justice va donner satisfaction, selon la théorie politique musulmane, c'est que tous les gouvernants musulmans doivent respecter les mêmes ordonnances divines qui s'imposent aux autres croyants, et maintenir ces lois-là pendant leur règne. De plus, nous l'avons vu au chapitre précédent, ils doivent reconnaître que l'interprétation des lois dans le cadre des procédures judiciaires est du ressort des oulémas, corps de spécialistes du religieux né hors de l'orbite de l'État. Dans le cercle vertueux de la justice préislamique, la justice dépendait de la moralité du monarque, ce qui posait la question incisive de Juvénal : « *Quis custodiet ipsos custodes ?* » [Qui va garder les gardiens ?]. Dans la théorie politique islamique, on postule qu'il y a quelqu'un d'autre qu'eux-mêmes qui surveille les monarques : les oulémas.

Malheureusement, comme tout historien de l'islam le sait bien, les oulémas, en pratique, ont rarement réussi à empêcher le despotisme. Dans la période postérieure à 1500, les chroniques d'époque des monarchies turque (les Ottomans), iranienne (les Safavides), indienne (les Moghols) et marocaine (les Saadiens) regorgent d'histoires de meurtres arbitraires, débauches, atrocités fratricides, etc. Les grands oulémas, assez souvent achetés par l'argent du monarque, semblent n'avoir pas pesé bien lourd en tant que contrepoids moral. En revanche, il est difficile de trouver des exemples d'oulémas devenant les grands ordonnateurs de la domination royale, à l'image d'hommes d'Église du XVIIe siècle européen comme les cardinaux Richelieu et Mazarin, qui, dans leurs fonctions de principal ministre, ne se sont guère souciés de religion quand ils ont gouverné la France pour le compte de Louis XIII et Louis XIV. Les rares fois où des souverains musulmans ont paru se laisser guider par des religieux, comme sous le premier régime saoudien dans l'Arabie du XVIIIe siècle, les préoccupations religieuses ont manifestement pris le pas sur le caprice despotique.

Cependant, on ne voit qu'une partie de l'histoire en énumérant toute une litanie d'actes despotiques face au contrepoids théorique, mais visiblement impuissant, exercé par les oulémas. Des monarques musulmans ont injustement fait étrangler leurs fils, décapiter leurs vizirs, élevé des garçons d'écurie dociles aux plus hautes fonctions de l'État. Mais ce n'est pas ce genre d'actes tyranniques qui intéresse la population, ou dont parle le principe du cercle vertueux de la justice. Comme aujourd'hui en Amérique, la justice a pour la plupart des gens un sens précis : savoir qu'il existe un corpus de lois stable et cohérent auquel on peut faire appel pour demander protection ou réparation, et pouvoir faire confiance en l'équité et en l'impartialité des magistrats qui l'appliquent. Le comportement moral personnel d'un président peut éveiller une certaine fascination morbide, mais la justice n'en dépend pas. De même, dans les sociétés musulmanes traditionnelles, l'enjeu central des préoccupations sur la justice n'était pas le caprice royal mais le système des tribunaux religieux géré par les oulémas.

Le sociologue du XXe siècle Max Weber, extrapolant peut-être à partir des idées reçues européennes sur les despotes orientaux, a forgé la formule « la justice du cadi » (par allusion au juge qui présidait un tribunal musulman) pour désigner le comble de l'arbitraire dans les procédures judiciaires [11]. Mais les chercheurs qui ont eu accès aux archives des tribunaux de l'Empire ottoman, non disponibles à l'époque de Weber, ont réfuté radicalement et à maintes reprises ce cliché. En étudiant minutieusement affaire après affaire, ils ont montré que la justice était en général rendue équitablement, sans tenir compte de la religion, du statut officiel, du sexe ou de l'ethnie. Il existe un indice clair qui prouve que le tribunal du cadi était bien un endroit où l'on pouvait se faire rendre justice : les litiges entre deux juifs ou deux chrétiens. N'étant pas soumis à la *shari'a*, les juifs et les chrétiens étaient libres d'aller soumettre leurs différends à leurs propres autorités religieuses, mais ils allaient souvent voir le cadi. Dans ces situations-là, celui-ci servait essentiellement de juge de tribunal civil. De plus, une étude attentive de la façon dont les juges prenaient leurs décisions ne révèle aucun arbitraire : ils effectuaient une étude soigneuse et réfléchie des précédents, consultaient des traités judiciaires de base et appliquaient un vénérable système de logique juridique.

Si l'on envisage globalement la civilisation islamo-chrétienne, la lutte des monarques pour étendre leur juridiction personnelle et limiter la juridiction religieuse est un trait commun. Dans la Chrétienté latine, elle a donné lieu à des conflits répétés entre la couronne et l'Église, de la querelle des investitures au XIe siècle au traité de Westphalie de 1648 qui a rétabli la paix entre catholiques et protestants en restreignant l'extension de revendications juridictionnelles au-delà des frontières nationales. En matière judiciaire, les rois l'ont emporté sur les prêtres.

Dans le monde musulman, les prêtres (les oulémas) étaient plus faibles, mais ils ont tenu. Le long siècle de domination mongole inauguré par l'invasion de Gengis Khan en 1218 a habitué les populations sujettes à accepter comme des lois les décrets d'un monarque. Chaque décret était appelé un *yasa*, ce qui a induit certains observateurs musulmans en erreur : ils ont cru que les

Mongols avaient tout un code, le *yasa*, équivalant par son ampleur et sa nature à la *shari'a*. Bien que la dynastie gengiskhanide qui gouvernait l'Iran se fût convertie à l'islam longtemps avant la mort de son dernier sultan en 1335, les divers seigneurs de la guerre mongols et turcs – tous musulmans – qui se sont disputé les vestiges de son empire ont continué à vénérer la famille de Gengis Khan comme pierre de touche de la légitimité, et à promulguer des décrets juridiques. Le mot mongol *yasa* est devenu un synonyme du mot arabe *qanun* (qui vient du mot latin *canon*), et la publication de *qanuns*, d'édits, est devenue une activité suffisamment normale de la monarchie impériale postmongole pour que le sultan ottoman appelé en Occident Soliman le Magnifique (qui a régné de 1520 à 1566) ait été élogieusement surnommé par ses sujets *Suleiman Qanuni*, Soliman le Législateur.

Si l'un des califes de Bagdad avait reçu le privilège de pouvoir jeter un petit coup d'œil sur un avenir comprenant une telle reconnaissance du pouvoir législatif du souverain, il aurait sûrement été stupéfait par l'érosion de la juridiction religieuse que cela supposait. Eux aussi, ils avaient promulgué des édits – en général dans l'intention de lever de l'argent, comme les sultans ottomans –, mais leurs décrets avaient toujours été perçus comme de déplorables infractions à la loi religieuse. À leur accession au pouvoir, les souverains faisaient parfois savoir à tous qu'ils annulaient les lois illégales de leur prédécesseur. Comme les monarques européens, donc, les shahs et les sultans d'après 1500 ont fait beaucoup d'efforts pour accroître leur autorité législative, mais, en l'absence d'un cataclysme religieux comme les guerres de Religion entre protestants et catholiques, le système judiciaire islamique a tenu bon. N'ayant pas de base légitime pour instaurer des tribunaux royaux qui concurrenceraient directement ceux des oulémas, les souverains ont opté pour le compromis. Ils ont financé et construit des séminaires prestigieux (les *madrasas*), et exercé leurs prérogatives de nomination des juges (les cadis) et des jurisconsultes (les muftis). Sur les questions de haute politique de l'État, ce système leur a procuré, dans la plupart des cas, un pouvoir judiciaire agréablement docile, mais il n'a réduit en rien la prééminence théorique et pratique de la *shari'a*, en particulier aux yeux des sujets du monarque. Et cela n'a pas sevré la population qui cherchait justice de son habitude : s'adresser aux tribunaux religieux présidés par les oulémas. Comme ils le faisaient depuis des siècles, les gens ont continué à solliciter la direction des oulémas, dont beaucoup recevaient leur formation dans des séminaires qui n'étaient pas contrôlés par l'État.

Quelle situation exaspérante pour un aspirant à la tyrannie – ou plus tard à la modernisation ! En temps normal, le monarque avait les mains libres, mais les menottes de la loi religieuse étaient bien en vue, au cas où il irait trop loin. Au sein du discours culturel de l'islam, il n'y avait apparemment aucun moyen d'extirper cette contre-force théorique.

RÉFORME ET RÉSISTANCE

La Révolution française et son épilogue napoléonien ont marqué l'univers du discours théorique musulman, qui postulait depuis si longtemps une tension dynamique entre la tyrannie et la *shari'a*. L'occupation française de l'Égypte après son invasion par Bonaparte en 1798 n'a pas duré. Les brochures de l'envahisseur, qui affirmaient que les Français venaient libérer les Égyptiens de la tyrannie de leurs gouvernants, n'ont inspiré que dérision. Et le vigoureux marché international créé pour le blé d'Égypte par la situation du temps de guerre s'est effondré après Waterloo. Mais la toute-puissance et la grandeur de l'empereur des Français, son succès à faire du Code Napoléon la loi de son pays, sa réaffirmation de l'état d'esprit anticlérical né de la Révolution française ont donné aux monarques musulmans une idée de ce que pouvait faire un vrai tyran s'il usait des méthodes européennes modernes. Pendant une décennie et demie, Napoléon a retenu l'attention de toutes les personnalités politiques des deux côtés de la Méditerranée. Comme Adolf Hitler au XXᵉ siècle, il semblait d'une stature surhumaine, et l'on ne pouvait pas ignorer ce qu'il faisait, même dans les pays musulmans.

L'histoire des efforts postnapoléoniens pour maximiser le pouvoir de l'État, inaugurée par Méhémet-Ali et par le sultan Mahmoud II et poursuivie par leurs successeurs respectifs, a été dite et redite sans qu'on ait bien remarqué à quel point ils agissaient parallèlement à ce qui se passait au même moment en Europe. Le modèle de ces travaux est le livre de Bernard Lewis, *Islam et laïcité. La Naissance de la Turquie moderne*. Tandis que les récits du changement en Europe se concentrent sur les révolutions de 1830 et de 1848 et les efforts des royalistes, dirigés par le prince autrichien Metternich, pour les combattre, les récits du changement dans le monde musulman se concentrent, plus matériellement, sur des plans de remise à niveau des armées et des flottes pour les aligner sur les normes européennes – en introduisant de nouveaux armements et de nouvelles méthodes d'entraînement, en ouvrant des usines pour fabriquer les uniformes et les armes, en fondant des écoles militaires pour apprendre aux officiers l'artillerie, la médecine et la musique militaire, en instaurant le service militaire obligatoire et en prenant des mesures économiques, comme la création de monopoles d'État, pour financer le tout.

Pour faire de tels plans, il fallait avoir une ambition d'envergure napoléonienne et être prêt à détruire l'ancien afin de construire le nouveau. Méhémet-Ali massacra les soldats-esclaves mamelouks qui dominaient l'Égypte depuis des siècles, puis envoya ses propres soldats albanais livrer une longue guerre épuisante contre le royaume saoudien d'Arabie. Ce qui fit place nette pour créer une armée entièrement nouvelle. Mahmoud II massacra les soldats de son propre corps des janissaires en 1826 afin de lever le plus grand obstacle à sa politique, qui consistait à imiter Méhémet-Ali. Les deux hommes ont fait venir des armes européennes, des conseillers militaires européens, des instructeurs européens pour leurs nouvelles écoles militaires, et ont envoyé en Europe de futurs officiers et administrateurs pour qu'ils acquièrent une formation scientifique moderne et apprennent les langues européennes.

En 1840, dans une sorte d'avant-première de la campagne américaine de 1991 contre Saddam Hussein, les puissances européennes[12] ont brisé les ailes de Méhémet-Ali : il était devenu trop menaçant pour le sultan ottoman, voisin qu'elles ne voulaient pas voir tomber. Elles ont exigé et, après une résistance initiale, obtenu un désarmement substantiel et la dissolution des monopoles économiques – changement de régime – qui avaient financé le renforcement militaire antérieur. Voyant où soufflait le vent, les fonctionnaires ottomans qui organisaient le renouveau militaire rival de Mahmoud II – chaudement encouragé par les ambassadeurs européens – ont convenu que des « réformes » étaient également nécessaires dans des domaines non matériels. Au cours des décennies suivantes, par le mécanisme des édits impériaux, ils ont introduit des codes juridiques inspirés de modèles européens et des pratiques judiciaires de style européen. Des lycées dont les programmes faisaient une large place à la science et aux langues européennes ont été créés pour alimenter les écoles d'officiers. Et, en 1876, une Constitution ottomane a été promulguée et un Parlement élu réuni – mais il a été presque immédiatement suspendu par le sultan Abdulhamid II. Le principe de l'égalité religieuse entre musulmans, chrétiens et juifs, promu avec une énergie particulière par les ambassadeurs européens, a beaucoup progressé pendant toute la période.

Tout ce mouvement, qu'on appelle le « renouveau » (*tajdid*) en arabe et la « réorganisation » (*tanzimat*) en turc, est baptisé « réforme » par certains historiens, « européanisation » ou « occidentalisation » par d'autres. Mais, puisque toutes ses composantes avaient des parallèles dans ce qui se passait à la même époque dans certains pays européens, notamment en Russie, il n'y a guère de raison pour le séparer du courant général du changement, et de la résistance au changement, qui travaillait l'ensemble de la civilisation islamo-chrétienne au lendemain du bouleversement napoléonien. Ce qui conduit à séparer l'espace politique musulman de l'espace politique chrétien, c'est qu'on imagine rétrospectivement un objectif historique : l'autoamélioration des musulmans pour parvenir à un niveau de civilisation fixé par l'Occident.

Du point de vue des historiens du Moyen-Orient moderne, ce but n'a jamais été atteint. La « réforme » n'a pas intégré l'Empire ottoman à l'Europe. Loin de gagner le respect des Européens, toutes les régions du Moyen-Orient et d'Afrique du Nord, sauf la Turquie, sont tombées sous la coupe de leur impérialisme entre 1830, l'année où les Français ont occupé l'Algérie, et 1920, celle où la Société des Nations a soumis les provinces arabes de l'Empire ottoman déchu à l'occupation européenne dans le cadre du système des mandats.

Mais le grand récit des « réformes » européanisantes et de leur échec n'est pas la seule façon d'envisager les effets à long terme des bouleversements postnapoléoniens au Moyen-Orient. Comme en Europe, de nouvelles techniques et pratiques, telles que la communication télégraphique contrôlée par l'État, le chemin de fer, la conscription et la systématisation des méthodes bureaucratiques, ont progressivement affermi le pouvoir autoritaire. À qui la juge en pensant à l'objectif de réaliser l'égalité de statut avec l'Europe, la suspension du Parlement par Abdulhamid II (qui a régné de 1876 à 1909) apparaît comme un échec tragique de la réforme, mais l'autoritarisme du sultan était tout à fait comparable à celui de Bismarck, de Napoléon III et de Nicolas II, et la remarque vaut aussi pour le triumvirat dictatorial qui lui a arraché le pouvoir en 1908, soi-disant pour restaurer la Constitution ottomane. Même Mustafa Kemal Pacha (plus tard Atatürk), qui a sauvé la Turquie de l'occupation étrangère après la Première Guerre mondiale et qui était incontestablement sincère quand il espérait qu'elle deviendrait un jour un État pleinement européen, ressemblait par ses méthodes autoritaires à Lénine, Staline et Mussolini.

Mais la voie musulmane à l'autoritarisme est sensiblement différente de celle de l'Europe. Les aspirants dictateurs européens, comme les monarques absolus héréditaires, devaient affronter de puissants mouvements populaires qui voulaient un régime constitutionnel et des institutions élues – et les Églises chrétiennes ont plus souvent soutenu que combattu les tendances autoritaires des gouvernants. Dans les pays musulmans, c'est le contraire. La résistance aux « réformes » de l'État s'est organisée autour des oulémas. Les historiens qui voient dans le mouvement d'européanisation l'unique effort, finalement vain, du monde musulman pour rattraper l'Occident interprètent cette résistance comme une force d'obstruction obscurantiste. Comment les musulmans pouvaient-ils entrer dans le monde moderne avec un clergé passéiste et obtus qui les tirait en arrière ? Ce point de vue, qui n'est sûrement pas sans mérite dans certains cas, estime pleinement justifiées les mesures qu'ont prises les aspirants dictateurs pour miner les bases de l'influence des oulémas : il fallait bien libérer l'État de leur emprise cléricale ! Qu'ils partagent cette thèse ou suspendent leur jugement sur les mesures anti-cléricales des réformateurs, tous les historiens sont d'accord sur un point : les États réformateurs considéraient la puissance organisée des oulémas comme un danger pour leurs desseins.

Pour savoir comment interpréter les faits, voici les questions qu'il faut se poser : 1) Les oulémas s'opposaient-ils aux réformes parce qu'ils étaient contre la modernité, comme le veut la thèse aujourd'hui la plus répandue ? 2) S'y opposaient-ils parce qu'elles s'inscrivaient dans une offensive de l'État contre leur bien-être et leur prestige social ? 3) S'y opposaient-ils parce qu'ils estimaient qu'elles facilitaient la montée de la tyrannie ? Il est certain que les deux premiers termes de l'alternative expliquent très largement les motivations des oulémas dans de nombreux cas. Mais l'hostilité à la dictature ne peut être facilement écartée. Il est indéniable que des oulémas et des laïques empreints d'une forte religiosité ont joué les premiers rôles dans certains des épisodes les mieux connus d'opposition à la tyrannie intérieure. En Iran, la révolte du tabac de 1891-1893 a éclaté quand le shah a accordé à un entrepreneur britannique le monopole de la production et de la vente du tabac. Les grands oulémas ont répondu aux plaintes des marchands de tabac iraniens en prononçant une interdiction de fumer. Elle s'est révélée si efficace que le shah a été contraint d'annuler la concession. Autre exemple : la révolte arabe contre l'Empire ottoman pendant la Première Guerre mondiale a été dirigée par le chérif Hussein, descendant du Prophète, qui était connu des pèlerins dans l'ensemble du monde musulman en raison de ses fonctions de gouverneur de La Mecque et de

Médine. Une puissante opposition religieuse s'est également manifestée quand Atatürk, pour instaurer sa dictature personnelle, a aboli le Califat en 1924. Des dignitaires religieux originaires de nombreux pays ont organisé plusieurs fois des conférences internationales pour appeler à sa restauration.

Lettrés religieux et soufis ont aussi pris la tête de nombreux mouvements de résistance à la domination étrangère. Un religieux charismatique qui se présentait comme le Mahdi – le Messie – a dirigé la lutte contre la mainmise anglo-égyptienne sur le Soudan au cours des années 1880. Le grand mufti (jurisconsulte principal) Hajj Amin al-Husayni a pris la tête de la résistance palestinienne contre la colonisation sioniste. Et un soufi de la Naqshbandiyyah, cheikh Chamil, a opposé une résistance tenace à l'expansion russe dans le Caucase.

Indépendamment des attitudes des protagonistes envers la modernité et la réforme, ces actes de résistance à direction religieuse attestent la puissance persistante de l'islam en tant que rempart contre l'autoritarisme extérieur et intérieur. Les musulmans en détresse jugeaient normal de mettre à leur tête des hommes de religion. Certes, le rôle de grands croyants dans la résistance à la dictature n'est pas inconnu en Europe. Mais on n'a pas vu de prêtres diriger des armées, d'évêques excommunier des dictateurs et de papes interdire de fumer. Les chrétiens d'Europe avaient depuis longtemps cessé de compter sur l'Église pour les protéger contre la tyrannie ; ils se tournaient vers des dirigeants politiques qui travaillaient dans le cadre d'institutions constitutionnelles ou parlementaires, ou œuvraient à les instaurer. Telle a été la conséquence à long terme des siècles de conflit entre l'Église et les monarques qui ont abouti aux guerres de Religion dévastatrices des XVIe-XVIIe siècles. Le clergé chrétien a été dompté, après quoi ses membres n'ont servi de tribun du peuple que sur des questions d'intérêt local. En terre d'islam, en revanche, l'autorité juridique des oulémas est sortie intacte du grand changement des siècles intermédiaires. Les shahs et sultans despotiques l'ont sans cesse méprisée dans leur vie personnelle, mais aucun n'a osé nier son assujettissement théorique à la *shari'a*. Quant aux gens du peuple, ils ont continué à faire ce qu'ils faisaient depuis longtemps : se tourner vers les oulémas ou les saints cheikhs soufis quand ils voulaient des tribuns de la justice. C'était le lieu naturel de la résistance à la tyrannie et un élément bien ancré de la culture politique.

ANTICLÉRICALISME : SUCCÈS OU ÉCHEC ?

N'en concluons pas, cependant, que les efforts des gouvernements occidentalisants pour affaiblir les oulémas étaient inefficaces, ni même qu'ils étaient injustifiés dans le contexte du changement de valeurs sociales et politiques. Je n'entends nullement présenter les oulémas comme plus éclairés qu'ils ne l'étaient. Je remarque simplement que, lorsqu'une communauté musulmane se sent menacée, aller solliciter les chefs religieux est une réaction bien ancrée dans la culture politique islamique traditionnelle. Ce qui explique pourquoi l'État consacrait tant d'énergie à des entreprises anticléricales, interprétées à tort comme « laïques » par la plupart des observateurs occidentaux. Les dirigeants réformateurs et leurs conseillers estimaient que l'égalité avec l'Europe resterait un objectif hors d'atteinte si l'on ne renforçait pas d'abord le pouvoir autocratique au maximum, ce qui supposait d'éliminer le potentiel d'opposition que représentaient la *shari'a* et les oulémas. Du point de vue de la théorie politique islamique, ce qui s'est passé ensuite est bien ce qui devait se passer. La théorie prédisait que des

gouvernants affranchis des liens de la *shari'a* rechercheraient le pouvoir absolu, et ils lui ont régulièrement
donné raison. Dans les années 1960, la plupart des
régimes du monde musulman étaient devenus des dictatures « laïques ». Quant aux oulémas gardiens de la *shari'a*, qui étaient censés, en principe, protéger de la
tyrannie, leurs possibilités d'action (sinon leur envie
d'agir) avaient été sévèrement réduites. Ce nouveau déséquilibre était apparu dans l'équation traditionnelle du
pouvoir parce que les monarques avaient appliqué la
« méthode napoléonienne », si l'on peut désigner ainsi
un régime autoritaire fondé sur de nouvelles technologies
militaires, de nouveaux moyens de communication, des
principes anticléricaux et l'appel à un idéal de modernisation de la société. L'inlassable effort de l'État pour
réprimer la religion comme force politique laissait espérer qu'un jour peut-être l'Europe traiterait des pays
musulmans « laïques » en égaux, et cet espoir reste bien
vivant en Turquie. Mais l'anticléricalisme a aussi
désarmé une culture politique fondée sur le « cercle vertueux de la justice » de la seule force reconnue que l'on
pouvait appeler au secours, dans les cas extrêmes, pour
résister à une grande dérive vers la tyrannie.

Les récits de la « réforme » font peu de place à l'évic-
tion de la *shari'a* et à la marginalisation de ses gardiens.
Persuadés, avec leur vision du monde typiquement occidentale, que vivre et penser à l'européenne était un
objectif approprié pour les musulmans du XIXᵉ siècle et
du début du XXᵉ siècle, les historiens qui pondent ces
textes sous-entendent qu'on ne peut pas faire d'omelette
sans casser des œufs. Ils ne voient qu'un seul défaut au
mouvement d'européanisation, c'est qu'il finit par virer à
la dictature illimitée. Ce gros défaut – qui, paradoxalement, n'a été universellement admis qu'après le 11 septembre, quand la résistance religieuse aux dictatures

musulmanes occidentalisées et aux gouvernements occidentaux qui les soutiennent a percé sur la scène mondiale avec une force meurtrière – n'avait rien d'un accident. Il faisait partie intégrante du processus d'européanisation depuis le tout début.

Un auteur qui se situerait dans le cadre du discours traditionnel de l'islam donnerait des deux derniers siècles un récit tout à fait différent. Le modernisateur voit dans la confiscation par Méhémet-Ali, à l'usage de l'État, des vastes propriétés génératrices de revenus que des générations d'Égyptiens pieux avaient donnés pour l'entretien des mosquées, des séminaires et des services publics locaux, un habile moyen d'obtenir les ressources nécessaires à la réforme financière. Le traditionaliste déplorerait la perte de services religieux et publics, et la perte de pouvoir et de fonctions rémunérées subie par les oulémas. Le modernisateur voit la promulgation par les sultans ottomans de codes juridiques fondés sur des modèles européens comme un progrès vers une norme de civilisation plus libre et plus équitable. Le traditionaliste se lamenterait sur l'abandon de la *shari'a* et la perte de pouvoir, de fonctions rémunérées et de prestige public infligée aux oulémas. Le modernisateur considère la fondation des nouvelles écoles d'État tournées vers la science et les langues européennes, et la fermeture ou l'affaiblissement simultanés des séminaires, comme une preuve de l'essor de la pensée moderne. Le traditionaliste n'y verrait qu'un déclin du savoir religieux, une nouvelle atteinte aux emplois et à l'autorité des oulémas, et une perte de personnel religieusement compétent au sein de l'État. On peut imaginer des interprétations aussi polarisées des restrictions que les régimes européanisants ont imposées aux confréries soufies et aux corporations d'artisans liées aux soufis, ou de leur restructuration des villes sur le modèle européen aux dépens de l'unité des

quartiers, ou encore, dans la République turque d'Atatürk, de la substitution réussie de l'alphabet latin à l'alphabet arabe.

L'intention anticléricale de ceux qui s'autoprocla-
maient réformateurs est évidente. Mais sont-ils parvenus
à leurs fins ? Au vu de la disparition ou de la déchéance
des séminaires, au vu du confinement de la *shari'a*, dans
la plupart des pays, à des questions de droit familial et
de statut personnel, la réponse est oui. Mais que s'est-il
passé dans les cœurs et les esprits des musulmans ? Certains témoignages indiquent, effectivement, une érosion
régulière de la religion comme pierre de touche de la
vie publique. D'autres, qui datent essentiellement de la
seconde moitié du XXe siècle, montrent la persistance
d'une culture politique fondée sur un équilibre tendu
entre la religion et l'État, et de la tendance de la population à accepter des chefs religieux – même s'il s'agit,
comme on va voir, de chefs d'un type *nouveau* – pour
combattre la dictature.

On peut voir le premier ensemble de preuves, celui
qui indique un reflux de la religion dans la vie publique,
en comparant des données venues du Massachusetts, de
Turquie et d'Iran. Les graphiques 1 à 3 montrent une
baisse comparable des prénoms religieux donnés par les
parents à leurs fils dans les trois régions. Le premier
graphique, fondé sur les prénoms des diplômés de Harvard, reflète les pratiques en la matière des familles
aisées du Massachusetts. Le second détaille les prénoms
des membres du Parlement turc et de leurs pères. Le
troisième combine des résultats en provenance de villes
iraniennes de province. Dans les trois cas, le coup d'en-
voi d'une baisse régulière de la popularité des prénoms
religieux coïncide avec une affirmation laïque forte
d'identité collective : le début de la fermentation révolutionnaire républicaine des années 1770 au Massachusetts, le lancement du mouvement de réforme du

101

Tanzimat en 1839 en Turquie (Empire ottoman) et les prises de position de Reza Shah Pahlavi en faveur du nationalisme perse et sa condamnation des usages religieux traditionnels, comme le voile recouvrant complètement les femmes, dans l'Iran du début des années 1930.

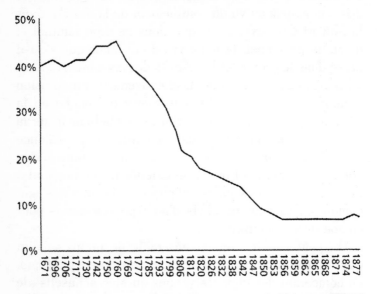

GRAPHIQUE 1. – Fréquence des prénoms issus de l'Ancien Testament chez les diplômés de Harvard.

De nombreuses influences entrent en jeu lorsqu'on choisit un prénom pour un enfant : les habitudes familiales, le souvenir d'un parent décédé, l'adulation d'un personnage public, l'hommage rendu à un ami ou à un mentor. Ce type de facteurs complexes et personnels détermine de nombreux prénoms, mais leur influence reste plus ou moins constante au fil du temps. Elle ne peut pas expliquer des changements massifs comme ceux que montrent ces graphiques. Mais les attentes des parents sur l'avenir sont susceptibles de changer massivement au fil du temps. Les parents soucieux d'aider

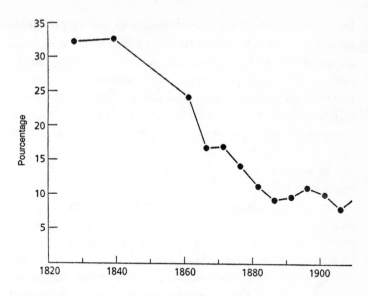

GRAPHIQUE 2. – Fréquence des prénoms Mehmet, Ahmet et Ali dans les familles des parlementaires turcs.

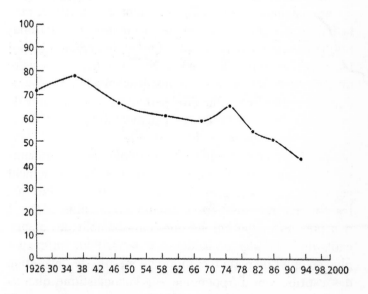

GRAPHIQUE 3. – Prénoms islamiques à Hamadan et Arak (Rajabzadeh).

103

leurs fils à s'adapter au type de société qui va probablement se développer donnent des prénoms reflétant leurs anticipations du futur. Ils révèlent ainsi leur appréciation personnelle de l'orientation des changements qu'ils voient autour d'eux. Les gros échantillons de prénoms reflètent donc les conjectures collectives des parents sur l'avenir. Lorsqu'ils sont toujours plus nombreux à prévoir une société future où la vie publique ne sera pas axée sur la religion, ils optent de plus en plus pour des prénoms non religieux.

Les trois graphiques montrent que la Révolution américaine, le Tanzimat et le règne de Reza Shah ont inauguré de longs déclins dans l'usage des prénoms religieux. Dans le cas de l'Iran, la courbe s'est momentanément inversée dans la période prérévolutionnaire du milieu des années 1970, où l'islam est devenu le point de ralliement des adversaires de la dictature du fils de Reza Shah, Mohammed Reza Shah. Cette brève résurgence des prénoms « islamiques » a connu son apogée vers 1977, puis la baisse a repris, en dépit de la création de la République islamique deux ans plus tard et de la grande popularité de l'ayatollah Khomeyni. Si cet indicateur s'avère un présage exact de la suite des événements, la Révolution iranienne finira par être perçue comme le point de transition de la dictature à la démocratie et non de la laïcité à la théocratie. Et à quelle vitesse ? Le graphique 4, qui compare le taux de diminution des prénoms religieux en Iran à ceux qui ont été historiquement constatés en Turquie et au Massachusetts, suggère que les parents iraniens parient sur un avenir plus laïque à peu près au même rythme que leurs homologues américains du XVIIIe siècle au Massachusetts. Pour un exposé plus complet de cette technique de mesure de l'évolution des esprits, voir l'Appendice sur l'onomastique quantitative.

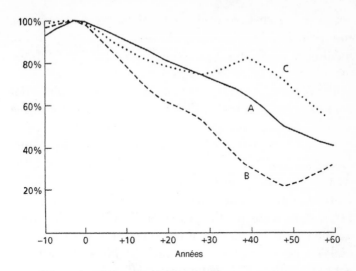

GRAPHIQUE 4. – Comparaison du déclin des prénoms religieux :
A : au Massachusetts. B : en Turquie. C : en Iran.

CULTURE DE L'IMPRIMÉ ET NOUVELLES AUTORITÉS

Contre ces indicateurs d'un retrait de la religion hors des consciences sociale et parentale suite aux attaques de l'État contre la *shari'a* et les dignitaires religieux traditionnels, il faut examiner les preuves de la persistance d'une culture politique où l'association de la religion à la justice donne du poids à des mouvements qui cherchent à poser des limites à la tyrannie et à s'opposer à la pénétration étrangère (mouvements qui peuvent aussi viser à établir une dictature de leur cru, mais leur propagande est muette sur cet objectif indigne). Pour certains historiens, le point de départ idéologique de l'islamisme – pour user d'une des dénominations appliquées à ce type de mouvement – est la fondation des Frères musulmans en Égypte en 1929 ; d'autres remontent à des événements du XVIIIe siècle en Arabie, en Afrique

105

occidentale, en Inde et en Iran. Mais, pour ce qui nous intéresse ici, le contenu et la généalogie des diverses idéologies islamistes sont moins importants que certains moyens nouveaux de les répandre.

Parmi les nombreuses mesures d'européanisation conçues pour conférer à l'État une supériorité définitive sur les oulémas, une innovation, l'imprimerie, a eu l'effet non voulu de mettre la culture religieuse du monde musulman sur une nouvelle voie [13]. Méhémet-Ali a introduit le premier journal égyptien en 1824, le sultan Mahmoud II l'a imité en 1831, et le shah a fait entrer l'Iran dans l'ère de l'imprimé en 1837. Ces premières publications étaient essentiellement des journaux officiels du gouvernement, qui visaient à faire connaître ses activités. Au-delà de cette presse officielle, les autorités ont aussi encouragé la publication de livres sur des sujets profanes, notamment de manuels pour les nouvelles écoles d'État. Mais, comme en Europe, l'imprimerie s'est révélée une force trop puissante pour être aisément contenue.

De l'avis général des historiens, l'enfant sorti du cerveau de Gutenberg a transformé la pensée et la société européennes à partir du XVᵉ siècle. Entre autres effets, le texte imprimé a commencé à détourner le public lettré des sermons et leçons de morale donnés oralement par le clergé, en chaire ou face au lutrin des écoles, et à le réorienter vers les auteurs et éditeurs. Puisque en Europe l'imprimerie et les imprimeurs étaient finalement devenus des alliés de l'opposition aux pratiques religieuses établies, la nouvelle technologie semblait parfaite pour guérir le public musulman lettré de sa tendance à trop écouter les oulémas. Mais, en pratique, environ une génération après l'apparition des premières publications gouvernementales et profanes, certains musulmans inquiets de ce qui se passait dans leur société, dont quelques oulémas, ont commencé à prendre conscience du potentiel de la nouvelle technologie. D'où la lente émergence d'une nouvelle catégorie d'autorité religieuse qui a tenté d'utiliser la presse d'imprimerie comme une chaire.

Depuis des siècles, la transmission de l'autorité religieuse reposait sur les liens personnels établis en classe entre maître et disciple. Toute personne alphabétisée pouvait lire les textes sacrés, mais les hommes qui n'avaient pas de mentor connu ou de diplôme d'un séminaire ne retenaient guère l'attention dans les cercles religieux. Les femmes étaient totalement exclues. Avec l'avènement de l'imprimerie, tout a changé. Écrivains, rédacteurs de journaux, éditeurs n'avaient plus besoin de la crédibilité qu'apportaient l'éducation au séminaire ou l'aval d'un ouléma important pour s'attirer un public. Exactement comme en Europe quelques siècles plus tôt, le monopole intellectuel détenu par les hommes instruits qui parlaient dans les écoles et les assemblées religieuses s'est effondré face à la très large dissémination des documents imprimés.

Sur le principe, c'était ce que souhaitaient les innovateurs engagés dans l'européanisation. Cela cadrait bien avec leurs autres efforts pour réduire l'influence des oulémas. Ce qu'ils n'avaient pas prévu, c'est le torrent des nouvelles idées *religieuses* qui ont commencé à paraître dans des journaux, des revues, des livres, des brochures. Comme les auteurs protestants de l'Europe du XVIe siècle avaient utilisé l'invention récente de l'imprimerie pour publier des ouvrages contredisant les idées établies, un nombre croissant de penseurs religieux musulmans faisaient de même. Et, comme en Europe, certains de ces nouveaux auteurs n'avaient pas l'éducation traditionnelle du séminaire qui était le signe distinctif des oulémas. Plus le XXe siècle avançait, plus ils étaient nombreux à venir d'établissements d'enseignement laïques, où ils avaient reçu une formation d'avocat, de médecin, d'ingénieur, d'économiste, de journaliste, etc. Sans les médias imprimés, ces autorités religieuses néophytes – que j'appellerai les nouvelles autorités – n'auraient trouvé aucun public. Mais le passage d'une culture de la salle de classe et de la chaire à une culture de l'imprimé a ôté toute importance à leur manque de références traditionnelles. La nouvelle technologie a permis à des *auteurs* de devenir des *autorités* simplement en offrant aux lecteurs prose persuasive et idées stimulantes. Un musulman d'Égypte pouvait devenir un fervent adepte d'un auteur du Pakistan sans l'avoir jamais rencontré, ni rencontré quelqu'un qui le connaissait personnellement, et sans savoir s'il était qualifié pour écrire sur la foi et à quel titre.

Pourquoi l'imprimerie a-t-elle provoqué cette mutation ? Après tout, les lettrés musulmans avaient rédigé des centaines de milliers de manuscrits religieux au fil des siècles, et beaucoup étaient tout à fait accessibles dans les bibliothèques et les mosquées ou dans les collections privées. Mais les connaissances tirées de ces manuscrits n'avaient pas le cachet du savoir acquis en classe de séminaire ou au pied d'un prédicateur à la mosquée. Donc, comment la lecture d'un texte religieux imprimé a-t-elle pu avoir un tout autre impact que celle du même texte manuscrit ? La réponse réside en partie dans la production de centaines, de milliers d'exemplaires identiques. Une personne qui lit un manuscrit et en rapporte le contenu à ses parents et amis, c'est une goutte d'eau ; des milliers de personnes qui lisent et parlent exactement du même texte, cela peut devenir un océan. Un autre élément d'explication est la très large diffusion de ces multiples exemplaires. Les cours et les sermons des oulémas changent d'une ville à l'autre et d'un pays à l'autre, mais, avec l'imprimé, les musulmans d'Afrique du Sud savent qu'ils lisent exactement le même texte que sont en train de lire ceux du Maroc, d'Indonésie et de Bosnie. C'est ainsi que les communautés intellectuelles locales des oulémas formés dans les séminaires ont cédé la place à une communauté intellectuelle internationale de lecteurs des revues et des livres importants. Nous trouvons cela tout à fait normal dans le cadre de la culture euro-américaine, mais nous sommes partis quatre siècles plus tôt. Dans le monde religieux musulman, le phénomène ne s'est développé qu'à la fin du XIXe siècle.

Même à cette époque, on n'a pas vu immédiatement que la qualité d'auteur pourrait, par elle-même, remplacer les lettres de créance religieuses traditionnelles. Le journal religieux en arabe *Al-Urwat al-Wuthqa* (« Le Lien le plus solide », c'est-à-dire celui entre l'homme et Dieu [Coran, 2, 256 ; 31, 22]), publié à Paris pour dix-huit numéros en 1884, a inauguré l'ère nouvelle par son appel à une réinterprétation militante des principes islamiques et son opposition forte à l'impérialisme britannique. Mais ses deux auteurs avaient reçu l'un et l'autre une formation d'oulémas : Muhammad Abduh, un Égyptien, et Jamal ad-Din al-Afghani, un Iranien qui se faisait passer pour Afghan afin de dissimuler que sa culture initiale était d'origine chiite. Les numéros ont été diffusés librement dans tout le monde musulman jusqu'au moment où les Britanniques ont interdit leur importation en Égypte (sous occupation britannique depuis 1881) et en Inde. Reprenant le flambeau brièvement éteint, le disciple syrien d'Abduh, Muhammad Rashid Rida, a publié au Caire, de 1898 à 1935, la revue de langue arabe *Al-Manar* [Le Minaret]. Rida avait fait ses études tant dans un établissement ottoman d'État au programme « moderne » que dans une école islamique, mais c'est en tant qu'auteur et rédacteur en chef qu'il a exercé son influence. Des milliers de musulmans du monde entier ont rencontré pour la première fois les idées modernistes de Muhammad Abduh dans les pages d'*Al-Manar*. Après la mort d'Abduh en 1905, puis la défaite de l'Empire ottoman dans la Première Guerre mondiale, ils ont suivi dans ses colonnes le flirt de Rida lui-même avec le nationalisme, ses plaidoyers pour un nouveau Califat islamique, et finalement son ralliement à l'Arabie saoudite en tant que gardienne de l'indépendance musulmane dans un monde impérialiste.

Al-Urwat al-Wuthqa et *Al-Manar* étaient tous deux imprimés en caractères typographiques, mais les auteurs religieux musulmans ont particulièrement tiré profit d'une autre technologie d'imprimerie venue d'Europe. Entre 1793 et 1796, un dramaturge bavarois nommé Alois Senefelder, cherchant un moyen peu coûteux d'imprimer ses pièces de théâtre, a inventé un nouveau procédé qu'il a nommé « lithographie ». Quand il humidifiait un morceau de calcaire plat, puis l'encrait, l'encre restait fixée sur toutes les marques qu'il avait faites avec un pastel gras, mais pas sur la surface humide. Chaque ligne, alphabétique ou picturale, s'imprimait exactement comme elle avait été dessinée, et l'on pouvait tirer de la pierre un nombre illimité d'exemplaires imprimés, sans baisse de qualité.

Les peintres européens et américains ont salué ce nouveau moyen facile de reproduire des dessins, mais l'innovation consistant à imprimer des livres et des journaux par la lithographie a eu lieu hors d'Europe et d'Amérique, et s'est particulièrement répandue dans le monde musulman. Les textes lithographiés sont apparus partout, et sont devenus bien plus populaires que les imprimés en Iran, en Inde et en Afrique du Nord. La Compagnie britannique des Indes orientales a introduit la lithographie en Inde au début des années 1820, et des livres lithographiés ont vite paru à Istanbul (1831), en Iran (1843), en Tunisie (1857) et au Maroc (1865) (aux États-Unis, la première presse lithographique a commencé à imprimer des images, mais non des livres, en 1825). Outre qu'elle permettait de reproduire l'élégante écriture manuscrite arabe telle qu'on l'écrivait, la lithographie employait des scribes et non des ouvriers d'imprimerie. On n'a pas encore étudié comment la présence du scribe affectait le contrôle de l'éditeur sur le contenu intellectuel des livres qu'il publiait, mais il est certain que cette technologie convenait bien aux oulémas : ils étaient tous formés aux activités d'écriture, et aimaient lire des livres qui ressemblaient aux manuscrits traditionnels.

Les auteurs qui avaient fait des études à l'occidentale et n'avaient que peu ou pas de formation religieuse traditionnelle sont passés au premier plan après la Seconde Guerre mondiale ; à cette date, les penseurs les plus populaires, innovants et charismatiques du monde islamique exposaient leurs idées par l'imprimé et non en salle de classe. Ces nouvelles autorités ont efficacement supplanté les anciennes, les oulémas traditionnels, qui avaient fondé leur pouvoir sur l'éducation des séminaires, les postes de juges et les revenus des fondations pieuses. Il est resté des juges de la *shari'a* dans un petit nombre de pays et les séminaires restants ont continué à former et employer des oulémas ; mais le public musulman en général, tant masculin que féminin, a de plus en plus reçu son instruction religieuse d'un torrent de livres, revues, journaux et brochures dont une grande partie étaient rédigés par des gens qui n'avaient pas les références nécessaires pour être classés comme oulémas.

La Révolution iranienne a révélé l'importance des nouvelles autorités fondées sur l'imprimé. La domination impérialiste européenne en Iran a été indirecte et tardive : elle n'a été officialisée qu'en 1907, par un accord entre la Grande-Bretagne et la Russie pour diviser le pays en sphères d'influence. Donc, les fortes pressions pour imposer des mesures anticléricales et faire respecter l'égalité religieuse que les pays situés plus à l'ouest avaient subies de la part des ambassadeurs européens, puis des administrateurs coloniaux, sont arrivées tard au pays des shahs. Ce que confirme le taux très élevé de prénoms religieux qui s'est perpétué jusqu'aux années 1920. Cette exposition tardive à l'européanisation explique aussi pourquoi, en dépit des vigoureux efforts anticléricaux des shahs Pahlavi à partir de la fin des années 1920, l'Iran a eu un gros retard sur la Turquie et sur les pays arabes dans la marginalisation des oulémas. Reza Shah Pahlavi a interdit le port du turban au Parlement et, en 1936, déclaré illégal le tchador voilant le visage. Il a ordonné à sa police de le déchirer de force sur les femmes qui le porteraient dans la rue. Néanmoins, séminaires et sanctuaires sont restés actifs, et ont survécu à diverses mesures conçues pour compromettre leur indépendance financière. Quand a éclaté la révolution de 1979, c'est toujours aux oulémas traditionnels, aux anciennes autorités, que la masse de la population a demandé de guider le mouvement. Un élément supplémentaire renforçait l'autorité des oulémas : le chiisme iranien fait obligation à tout croyant de suivre personnellement un important dignitaire religieux, qui porte le titre d'ayatollah, en matière de foi et de comportement.

La Révolution iranienne a puisé beaucoup de sa force dans ce présupposé de la population : on pouvait, une fois de plus, se tourner vers les oulémas pour se défendre contre la dictature. Une certitude qui s'était déjà manifestée dans la révolte du tabac de 1891 et dans une révolution constitutionnelle en 1906. Cette dernière n'a guère réussi à réduire le pouvoir du shah, mais la Constitution qu'elle a imposée contenait les semences du pouvoir de veto des oulémas sur l'activité législative. Si elles n'ont pas pris à l'époque, elles devaient fleurir plus tard – rose ou épines, chacun en jugera – dans la Constitution de la République islamique d'Iran. Des oulémas traditionnels, comme l'ayatollah Khomeyni, ont exploité cette attente de la population à leur égard en faisant usage des nouveaux médias – livres, cassettes audio, informations télévisées. Ils ont aussi utilisé les moyens traditionnels, en envoyant des étudiants de leur séminaire répandre leurs idées. Des intellectuels qui n'étaient pas des oulémas ont contribué idéologiquement à la révolution, mais ils n'avaient pas le réseau humain des oulémas. Ali Shariati, qui avait fait ses études en France, galvanisait les étudiants de l'université par ses pamphlets, sa rhétorique envoûtante et ses idées nouvelles sur l'histoire islamique. L'économiste de formation française Abolhassan Bani Sadr a reçu la bénédiction de Khomeyni en tant que premier président élu de la nouvelle République islamique en 1981. Il succédait au chef du gouvernement provisoire Mehdi Bazargan, un ingénieur qui avait lui aussi été formé en France. Ces trois personnalités se sont attiré une large audience par leurs écrits.

Pendant quelques années, dans l'ensemble du monde musulman, on a exprimé sa sympathie pour la révolution islamique en affichant le portrait de Khomeyni. Mais, en dehors de l'Iran et des cercles d'oulémas chiites de même orientation en Irak et au Liban, très peu d'oulémas se sont mis en avant pour prendre la tête du nouveau courant de politique religieuse. En Turquie et dans le monde arabe, les nouvelles autorités comprenaient, non des oulémas, mais des écrivains journalistes comme Sayyid Qutb en Égypte ; des avocats formés en Europe comme Mahmoud Mohammed Taha et Hassan al-Turabi, qui ont tous deux fondé des mouvements politiques au Soudan ; des ingénieurs comme Necmettin Erbakan, qui a créé en Turquie le premier parti religieux important ; des étudiants en pédagogie européenne comme Abbassi Madani, fondateur du Front islamique du salut (FIS) en Algérie, et Rachid Ghannouchi, fondateur du Mouvement de la tendance islamique en Tunisie ; et des professeurs de philosophie universitaire comme Hassan Hanafi en

Égypte et Mohammed Arkoun en Algérie, qui ont utilisé les méthodes de l'érudition occidentale pour élaborer de nouvelles idées sur l'islam. Le même phénomène s'est manifesté en Asie du Sud et du Sud-Est.

À la fin du XXe siècle, des hommes – et, pour la première fois, des femmes – à l'intense religiosité avaient inondé les librairies, les halls de presse et les kiosques d'une marée de livres, pamphlets, revues et journaux exprimant leurs idées personnelles sur l'islam. De nombreuses publications contenaient des *fatwas* – avis religieux sur des questions de droit et de rites. Traditionnellement, ces opinions non obligatoires étaient de la plume d'éminents oulémas. Désormais, elles traduisaient les idées des rédacteurs en chef de la revue ou du journal. Certains auteurs préconisaient un retour à la vie de l'époque de Mahomet telle qu'ils l'imaginaient – ils n'étaient pas toujours d'accord entre eux – et récusaient les enseignements des lettrés des siècles suivants. D'autres exprimaient des opinions d'une grande originalité, appelant souvent à l'élargissement des libertés individuelles et à la création de républiques islamiques, ou du moins à la libre participation de partis islamiques aux élections. D'autres encore, dont les plus notoires sont Oussama Ben Laden, ingénieur, et son lieutenant Ayman al-Zawahri, chirurgien, prêchaient la violence terroriste comme solution aux problèmes de l'islam.

UN MESSAGE TROUVE UN PUBLIC

Dans les dernières décennies, la révolution électronique est venue renforcer la révolution de l'imprimé. Étant sous contrôle gouvernemental dans la plupart des pays musulmans, la radio et la télévision n'ont eu initialement aucun impact sur la question de l'autorité religieuse. Mais les cassettes audio et les vidéocassettes, puis Internet, sont devenus des moyens de transmission efficaces pour les interprétations personnelles de l'islam. Ces technologies récentes n'enlèvent rien à l'importance historique de l'imprimé, car les publics qu'elles ont trouvés avaient déjà été créés par la presse de l'imprimeur. L'utilisation des nouveaux médias par les nouvelles autorités permet néanmoins de donner un nouvel exemple d'effet boomerang de mesures anticléricales sur les régimes qui les ont prises.

L'actuelle renaissance politique de l'islam doit sa force mobilisatrice à trois efforts pour réduire le pouvoir des oulémas qui ont eu en définitive des conséquences non voulues. Deux ont déjà été analysés. Premièrement, la marginalisation des oulémas, les anciennes autorités, a réussi dans une large mesure à libérer de la menace politique de leurs vieux rivaux les pouvoirs d'État qui aspiraient à l'autoritarisme. Les oulémas d'aujourd'hui, du moins dans de nombreux pays, sont souvent payés par l'État et dépendent d'institutions publiques ; par conséquent, ils s'inclinent devant le régime sur les problèmes politiques délicats – ou la majorité de la population pense qu'ils le font. Mais la conséquence non voulue de ce succès de l'offensive anticléricale a été de laisser le champ libre à de nouvelles autorités dont la formation et la perspective intellectuelle étaient différentes, et moins conservatrices. Deuxièmement, la révolution de l'imprimé avait pour but de répandre les idées des gouvernements et les connaissances scientifiques et laïques modernes. Et elle l'a fait. Mais elle a eu la conséquence non voulue d'offrir aux nouvelles autorités en plein essor un outil qui leur permettait de toucher un immense lectorat international et de détourner les lecteurs des anciennes autorités en déclin.

Le troisième effet boomerang déclenché par les réformateurs a été le fait des régimes nationalistes apparus après la Seconde Guerre mondiale (et de la Turquie nationaliste après la Première Guerre mondiale) : ils ont instauré un enseignement de masse, afin de former les jeunes au service public et de leur inculquer des principes nationalistes laïques. Ils ont réussi à généraliser l'alphabétisation et à éveiller la conscience politique des jeunes, mais avec une conséquence non voulue : ils ont créé un énorme public pour les écrits des nouvelles autorités religieuses. Les conditions spécifiques de chaque pays ont entraîné un décalage temporel, de durée variable, entre la publication initiale des idées islamiques modernistes à la fin du XIXe siècle et l'apparition de mouvements politiques de masse islamistes. En Égypte, les Frères musulmans sont devenus une force dans les années 1930. En Iran, des organisations du même type ne sont apparues que dans les années 1960. Mais, partout où ces mouvements se sont développés, l'alphabétisation de la jeunesse et l'existence d'un public politiquement conscient ont joué un rôle crucial dans leur succès.

Les politologues du début des années 1980, tardivement contraints par la Révolution iranienne à se concentrer sur ces mouvements religieux hostiles aux régimes, sont souvent restés perplexes devant leur puissance sur les campus universitaires, et l'attrait particulier qu'ils exerçaient sur les étudiants des disciplines les plus économiques et techniques. Certains ne prenaient pas au sérieux ces militants étudiants : des adolescents rebelles qui deviendraient comme leurs pères quand ils auraient mûri. D'autres cherchaient des explications pragmatiques : l'efficacité des mouvements religieux à créer des groupes de travail pour les étudiants pauvres qui ne pouvaient pas s'offrir les polycopiés des cours du professeur, la sécurité personnelle dont jouissaient les étudiantes en tenue islamique, etc. Sous ces rationalisations, il y avait un non-dit : au lieu d'encourager les idées religieuses, l'éducation moderne aurait dû vacciner les étudiants contre ces choses-là. La laïcisation de la société en Occident n'avait-elle pas été liée, historiquement, à une éducation laïque qui avait réfuté les assertions religieuses dépassées, de la victoire de l'astronomie copernicienne sur la cosmologie ptolémaïque soutenue par l'Église à celle du darwinisme sur le créationnisme ?

Les systèmes scolaires de masse du monde musulman ont aussi réussi à transmettre les idées scientifiques modernes, mais beaucoup moins à inculquer les idées politiques anticléricales. Deux différences caractéristiques entre l'éducation occidentale et l'éducation moderne dans le monde musulman éclairent cet écart. La seconde n'a jamais été fondée sur une philosophie pédagogique libérale, et organiser un enseignement sur l'islam sans donner un nouveau pouvoir aux lettrés islamiques posait un problème, qui n'a jamais été résolu.

La philosophie pédagogique de l'éducation moderne dans le monde musulman a plusieurs racines. Dans des pays comme l'Inde, l'Algérie et l'Indonésie, qui ont été soumis au régime colonial, l'éducation laïque moderne, généralement conçue sur le modèle du système scolaire de la mère-patrie impérialiste, était généralement réservée à un tout petit nombre d'étudiants appartenant aux familles de l'élite. Puisqu'ils avaient de belles perspectives de carrière et un intérêt personnel important au maintien de l'ordre existant, ils se montraient pour la plupart intellectuellement et politiquement dociles.

Dans des pays comme l'Égypte, l'Empire ottoman et l'Iran, qui ont conservé assez longtemps leur indépendance pour instituer leurs propres programmes pédagogiques, l'objectif des écoles modernes était de former des serviteurs de l'État : dans un premier temps, des officiers, puis également des fonctionnaires. Si leurs programmes étaient européens, ces établissements n'étaient pas dénués de modèles indigènes. L'École du palais, créée à Istanbul par Mehmet le Conquérant au XVe siècle, avait formé des officiers et des administrateurs, et l'Égypte avait eu longtemps des casernes pédagogiques destinées aux jeunes esclaves turcs et circassiens importés pour servir dans les régiments mamelouks. Dans les deux cas, l'enseignement donné dépassait de loin les compétences militaires. De plus, dans ces pays et dans d'autres, on apprenait aussi à servir l'État par apprentissage au sein de chaque service. Les étudiants des séminaires, qui constituaient le groupe le plus nombreux de citadins alphabétisés au XIXᵉ siècle, servaient rarement comme officiers ou administrateurs. Soit ils devenaient oulémas, soit ils exerçaient des métiers privés.

Pour les éducateurs modernes, fidèles aux précédents établis par Méhémet-Ali en Égypte et par Mahmoud II dans l'Empire ottoman, il allait de soi que l'objectif premier de leurs étudiants était d'entrer dans la fonction publique. Ils ont donc conçu les programmes dans cette perspective. Ils se sont dit que l'histoire, la philosophie, la littérature ne serviraient pas à grand-chose. Quant à l'instruction religieuse, ils l'ont maintenue à un niveau purement formel, puisqu'ils ne voulaient pas ouvrir une nouvelle carrière aux oulémas. En termes de philosophie pédagogique globale, il n'y avait rien de comparable à la notion d'« arts libéraux », ni à la quête d'un enrichissement intellectuel désintéressé. Si l'idée d'interrogation abstraite existait, c'était plutôt chez les étudiants qui se préparaient à devenir oulémas, et ils l'appliquaient en général à des questions religieuses et non profanes. Il n'y a eu pratiquement aucune exception à ce modèle, sauf des établissements religieux étrangers – l'université américaine de Beyrouth et le Robert College d'Istanbul, fondés par des missionnaires américains au XIXᵉ siècle, ou le réseau d'établissements secondaires juifs géré de France par l'Alliance israélite universelle – ou des écoles secondaires de langue occidentale, comme le Victoria

College à Alexandrie et au Caire et l'American School à Téhéran, soutenues financièrement par des gouvernements occidentaux. Aucun établissement privé indigène d'enseignement supérieur non religieux n'est venu offrir une alternative aux universités publiques laïques et aux séminaires avant les années 1980.

La philosophie de base de l'éducation dans les écoles publiques n'a pas changé quand les régimes nationalistes indépendants ont opté pour l'enseignement universel au XXᵉ siècle. Les étudiants espéraient toujours travailler pour l'État après avoir obtenu leurs diplômes, même si la ferveur nationaliste et, dans certains pays, une politique socialiste rendaient cette perspective moins prosaïque que pour les étudiants du XIXᵉ siècle. Jusqu'aux années 1980, le gouvernement égyptien annonçait chaque printemps le nombre de nouveaux diplômés qu'il allait absorber dans sa bureaucratie pléthorique. Avec la croissance des systèmes scolaires, ce n'étaient plus de petits effectifs d'étudiants issus des familles de l'élite ou des castes militaires, mais des milliers de jeunes gens et jeunes filles de plus humble origine qui remplissaient les amphis, et il y avait aussi les milliers de diplômés du secondaire qui n'avaient pas réussi à entrer à l'université.

Les jeunes instruits sont venus grossir les rangs des chômeurs et des précaires. Avec leurs études secondaires ou supérieures, ils étaient plus conscients politiquement que la jeunesse rurale et ouvrière. Désœuvrés, alphabétisés, mécontents, ils sont devenus d'avides consommateurs de brochures religieuses préconisant le militantisme politique. Inquiets, les régimes ont réagi en surveillant de très près ce qui s'enseignait dans les universités, comme ils surveillaient déjà, ou dictaient, ce qui se prêchait dans les mosquées. Puisque l'enseignement moderne était ancré dans une tradition de service de l'État, les gouvernements n'ont eu aucun scrupule à s'ingérer dans les questions pédagogiques et à limiter la liberté de recherche. Résultat : les systèmes scolaires, qui avaient été autrefois l'espoir des régimes nationalistes dynamiques, sont entrés dans le cercle vicieux du déclin – pas de liberté en classe, pas d'innovation intellectuelle, pas d'exaltation de la vie de l'esprit, pas de place dans les amphis, pas d'emplois pour les diplômés, et aucune comparaison possible avec les institutions parallèles des pays non musulmans. On n'aurait pu imaginer mer plus poissonneuse offerte aux filets des nouveaux idéologues religieux.

Qu'est-ce qui a continué ?

Le lecteur qui a suivi attentivement le cours sinueux de mon raisonnement pourrait m'objecter que ma vive critique de la question forte de Bernard Lewis : « Qu'est-ce qui a mal tourné ? » était tout à fait injuste, puisque j'adopte moi aussi, à présent, la même logique. Qu'est-ce après tout que des « effets non voulus », sinon la preuve que quelque chose a mal tourné ? Aspirant à la modernité, à l'égalité avec l'Occident, et voulant se libérer de l'étreinte paralysante de la religion, les États ont réduit le rôle et le prestige des oulémas, introduit l'imprimerie et fondé des systèmes scolaires publics laïques. Ils ont fait aussi beaucoup d'autres choses, mais, si l'on s'en tient à ces trois initiatives-là, leur résultante a été de propulser un type d'autorité religieuse nouveau, sûr de lui, et de lui créer un public. Cas classique d'entreprise qui « tourne mal » : elle avait des objectifs clairement visualisés et elle a tout aussi clairement échoué.

Je réaffirme néanmoins mon refus de lire l'histoire des deux cents dernières années en termes d'objectifs manqués, parce qu'une bonne interprétation des objectifs et des résultats dépend de tout un contexte. Si l'on veut comprendre pourquoi les architectes du changement au

XIXe siècle ont fait preuve d'un anticléricalisme si obses-
sionnel, il faut voir leurs actes dans le cadre d'une rivalité de longue date entre la couronne et la mosquée sur la
légitimité politique. Les oulémas n'ont pas été discrédités
pour la seule raison qu'ils étaient religieusement conservateurs, et les cheikhs soufis parce qu'ils encourageaient
la superstition. Leur emprise sur la masse des croyants
n'aurait d'ailleurs pas résisté au défi des idées modernes
sans leur rôle traditionnel de mobilisation des fidèles
contre la tyrannie et les intrusions étrangères. De ce
point de vue élargi, l'enjeu des événements du XIXe siècle
n'était pas seulement les oulémas en tant que classe
réactionnaire, mais aussi l'ensemble de la tradition qui
faisait des gardiens de la *shari'a* les protecteurs de la
justice. Il est facile de trouver des situations culturelles
différentes – le mouvement des droits civiques aux États-
Unis, par exemple – où les réformateurs ont considéré
les chefs religieux comme des alliés et non des ennemis.

Dans le même ordre d'idées, l'imprimerie a offert une
plate-forme publique aux nouveaux penseurs de tout aca-
bit, et ceux que j'ai appelés les nouvelles autorités religieuses n'ont pas été les premiers à s'en servir, ni les
plus tonitruants. Les livres, brochures, revues et journaux
des nationalistes, socialistes, communistes et laïques
rempliraient des milliers de rayonnages. Eux aussi ont
séduit des lecteurs par l'éloquence et la logique de leurs
exposés. Mais les feux allumés par ces idéologies non
religieuses ont produit, en définitive, plus de fumée que
de chaleur, et la plupart se sont éteints faute d'un
combustible crucial : des gens ardemment décidés à alimenter le brasier. L'imprimé et les autres nouveaux
médias n'expliquent donc qu'en partie la relative réussite
des nouvelles autorités religieuses. Ce qui a le plus joué
dans leur succès, c'est qu'elles prenaient la place des
anciennes autorités religieuses dans une tradition politique de lutte contre la tyrannie au nom de la justice.

Ceux qui ont suivi Hassan al-Banna chez les Frères musulmans, ou écouté avec extase Ali Shariati fustiger la monarchie iranienne, ou rejoint Oussama Ben Laden dans Al-Qaïda, auraient en d'autres temps suivi un Mahdi autoproclamé, ou un soufi militant, ou un mufti clamant son opposition à un acte de tyrannie impérialiste. Si les manifestes des idéologues non religieux de l'imprimé n'ont finalement abouti à rien, c'est par manque d'enracinement dans une culture politique indigène. Et les prédications des idéologues religieux de l'imprimé ont pénétré en profondeur parce que les racines étaient déjà en place. Donc, ce qui s'est passé n'est pas seulement une révolution des médias, c'est une révolution des médias qui a favorisé ceux qui pouvaient, de façon crédible, citer Mahomet comme source d'inspiration, et pas ceux qui allaient puiser leurs idées chez Voltaire, Thomas Jefferson ou Karl Marx.

Quant à la politique d'éducation de masse, son résultat aurait peut-être été différent si chaque diplômé avait trouvé du travail dans une économie en plein essor. Mais peut-être pas. Si le plein-emploi peut satisfaire les aspirations matérielles, il n'empêche pas les gens de ronger leur frein sous un régime autoritaire qui réprime les libertés individuelles, en particulier dans un monde de plus en plus attaché au gouvernement participatif. Le panorama général des événements confirmait les prédictions de la théorie politique islamique : montée de l'autoritarisme du pouvoir quand l'islam se retirait de la vie publique.

En Égypte, en Irak, en Tunisie, en Algérie, au Pakistan et en Indonésie, entre autres, les formes et les idéaux de la démocratie laïque, implantés par des suzerains impérialistes, n'ont pas pu empêcher l'ascension de dictateurs. Pas plus qu'en Turquie, la démocratie la plus robuste, où les gardiens militaires de la vision politique laïque d'Atatürk ne se sont pas privés d'effectuer des coups d'État répétés. Au Maroc, en Iran, en Jordanie et dans les émirats du Golfe, les monarques ont déployé des forces de sécurité intérieure pour intensifier leur autocratie, souvent sous l'œil bienveillant de puissances occidentales qui voulaient absolument des institutions démocratiques chez elles. Même en Arabie saoudite, le bastion de l'islam conservateur, le pouvoir de la famille royale, les Al-Saoud, s'est accru aux dépens des Al-Shaykh, les descendants du fondateur idéologique du royaume, Muhammad ibn Abd al-Wahhab, et l'imposition de règles religieuses strictes sur le comportement public est devenue un instrument du contrôle royal sur la société.

Au sein de cette structure de continuité, on aurait dû prévoir la montée d'idéologies islamiques de résistance. La *shari'a* et la tyrannie s'équilibrent. Quand la *shari'a* recule, la tyrannie s'accroît, jusqu'au moment où l'aspiration à retrouver une société juste – par opposition à une société riche, puissante ou moderne – amène les gens à prêter à nouveau l'oreille aux gardiens de la *shari'a*. En croyant cette dynamique définitivement abolie par le déclin des oulémas, on a pris ses désirs pour des réalités et trop pensé au triomphe historique de la couronne sur le clergé en Europe. L'Islam et la Chrétienté occidentale sont des formes sœurs d'une civilisation unique, mais cela ne signifie pas qu'une évolution des relations entre la religion et l'État qui a mis six siècles à se réaliser dans l'Europe chrétienne peut être reproduite en un seul dans le monde musulman.

La leçon de ce qui s'est passé, de ce qui a continué, c'est qu'on ne peut pas écarter le facteur islam de la vie publique et politique des musulmans. Certes, des millions de musulmans vivent en laïques et déplorent les ingérences de la religion dans la politique. Mais les cultures politiques ne changent que lentement, quels que soient les désirs des laïques des deux côtés de la frontière entre l'Islam et l'Occident. Battre le rappel contre l'islam en tant qu'obstacle à la démocratie et au progrès moderne ne va pas le faire disparaître, tant que la dictature restera une réalité vécue pour la plupart des musulmans. L'horreur du terrorisme international au nom de l'islam et l'austérité de la vie soumise aux règles de comportement musulmanes les plus opprimantes ne peuvent faire oublier qu'en rassemblant les musulmans contre la dictature intérieure et l'oppression étrangère, les nouvelles autorités religieuses, qu'elles soient pacifiques ou violentes, agissent conformément à une dynamique politique vieille de plusieurs siècles, conçue pour protéger les musulmans de la tyrannie. Trouver comment conjuguer ce rôle protecteur à des institutions économiques et démocratiques modernes est un défi qui n'a pas encore été relevé. La voie de l'avenir ne peut pas esquiver le passé islamique.

Chapitre 3

CHERCHER L'AMOUR
DANS TOUS LES MAUVAIS ENDROITS[1]

Notre quête de Moyen-Orientaux qui pourraient nous plaire –
parce qu'ils seraient comme nous – a mis des œillères à l'entre-
prise des études moyen-orientales dès le tout début.

En 1985, la chaîne de télévision CBS a envisagé de faire du roman *Saigon* un minifeuilleton sur l'engagement américain au Viêt-nam[2]. L'auteur britannique, Anthony Grey, présentait l'histoire du Viêt-nam moderne à travers le regard d'un journaliste américain, descendant d'une famille fictive intimement liée au Vietnam depuis plus de trois générations. Tandis qu'approchait la scène décisive, l'évacuation de Saigon par les Américains, le script faisait ressortir l'appréciation que portait le personnage principal sur la tragédie en cours : c'était l'« amour », pas l'anticommunisme, le grand dessein impérialiste ou la peur de voir tomber des dominos, qui avait enlisé l'Amérique dans ce bourbier sanglant. Quant au sens que pouvait avoir ici « amour », il n'était jamais expliqué.

Il est difficile d'imaginer qu'un public de téléspecta-teurs américains aurait pleinement partagé cette analyse (et il n'est guère surprenant que Grey se soit fait ensuite le porte-voix de la théorie de Claude Raël qui veut que la vie sur Terre résulte de manipulations génétiques réalisées par des extraterrestres). Néanmoins, le fantasme politico-amoureux de Grey ne manquait pas totalement de substance. Par comparaison avec les puissances impérialistes européennes, l'Amérique s'est toujours perçue comme plus altruiste et moins cupide, plus secourable que conquérante. Les Américains d'aujourd'hui sont un peu gênés de la brève montée de fièvre impérialiste qui a mis sous la coupe des États-Unis Porto Rico et les Philippines pendant la guerre hispano-américaine, et ils s'insurgent carrément quand on les accuse – thèse à première vue tout à fait défendable – d'avoir de nouvelles visées impérialistes sur certaines régions du monde musulman. Quoi que nous ayons pu faire dans de lointains pays étrangers depuis la fin de la Seconde Guerre mondiale, nous l'expliquons soit par une aspiration à la sécurité, soit par une bonté fondamentale – la charité chrétienne reconditionnée en idéalisme américain.

Mais l'amour non partagé n'a d'attrait que pour les plus saints des martyrs. Avant la Seconde Guerre mondiale, nos missionnaires ont fait de longs et durs efforts pour trouver des musulmans disposés à accepter la chaleureuse étreinte humanitaire américaine, à remercier les Américains de leur amour et de leur aide, et à s'engager personnellement sur la bonne voie des idéaux et des usages américains. Mais, dès qu'ils sortaient du cercle rapproché des malades, nécessiteux et ambitieux qui profitaient de leurs services médicaux, charitables et pédagogiques, l'accueil était plus souvent glacial qu'affectueux. Dans l'après-guerre, inébranlables dans leur désir de faire le bien, des Américains d'esprit plus laïque ont poussé la créativité intellectuelle jusqu'à imaginer un monde musulman qui les estimerait du fond du cœur, un monde capable de rendre leur amour aux Américains, et ils ont cherché à repérer les individus qui étaient déjà, à coup sûr, des citoyens de ce monde-là. Ce faisant, ils se sont rendus aveugles à certaines réalités de la vie et de la pensée islamiques, et à la méfiance croissante qu'inspiraient aux musulmans la bienveillance et la culture américaines. Ce chapitre s'efforcera d'analyser la pensée d'après-guerre sur le Moyen-Orient, et de montrer comment les distorsions qu'elle a encouragées dans la façon de le comprendre guident encore la politique américaine dans le monde de l'après-11 septembre.

LES ÉTUDES MOYEN-ORIENTALES

L'Orientalisme, le célèbre ouvrage où Edward Said critique la pensée occidentale sur l'islam et le monde arabe, est centré sur les Européens et non sur les Américains. Il montre à merveille comment voyageurs, écrivains, artistes et érudits ont imaginé un Orient sensationnel fait de sexualité décadente, de cruauté obscène et d'abjecte lâcheté – le tout, soutient Said, dans le dessein caché (ou moins caché) de justifier l'impérialisme et d'ajouter un joug intellectuel au joug colonial. Mais, puisque les Américains n'étaient pas portés à fonder des colonies, négocier des sphères d'influence et imposer des traités inégaux, le style américain de l'imaginaire orientaliste n'était pas particulièrement adapté à l'argumentation de Said, du moins jusqu'à la seconde moitié du XXe siècle. C'est pourquoi les lointaines expériences de Washington Irving et de Mark Twain en Andalousie et en Terre sainte, l'exotisme pseudo-musulman du grand spectacle historique annuel de Saint Louis *Veiled Prophet* et les lascives danses du ventre orientales exécutées par la danseuse « Little Egypt » à l'Exposition universelle de Chicago de 1893 n'ont pas retenu son attention [3]. L'« Autre » tragique de l'Amérique du XIXe siècle était l'esclave africain et non l'Arabe musulman.

127

Ce que la plupart des Américains savaient des musulmans, du moins jusqu'au moment où des soldats américains ont été déployés sur les lointains théâtres d'opération qui composaient la Seconde Guerre mondiale, venait des récits des bonnes œuvres des missionnaires chrétiens. Scolariser, soigner, soulager la misère : ces manifestations de l'amour chrétien du prochain constituaient la voie américaine. Loin de soutenir l'impérialisme, la plupart des Américains qui suivaient les machinations coloniales des Britanniques, des Français, des Néerlandais et des Allemands en étaient moralement indignés. Ils partageaient la croyance des Européens dans la supériorité de la civilisation chrétienne, bien sûr ; mais cela ne leur paraissait pas, en soi, justifier la conquête et l'assujettissement colonial.

Au lendemain de la Seconde Guerre mondiale, cependant, un petit nombre d'Américains, aidés par quelques spécialistes européens, ont tenté de servir les nouvelles ambitions des États-Unis, désormais tournés vers le monde, en inventant un Orient qui n'était ni le cloaque d'esclavage, de sexualité et de superstitions qu'évoque Edward Said, ni la terre d'âmes à sauver dont parlaient les missionnaires. L'importance du Middle East Supply Centre britannique du Caire[4] pendant la guerre les a conduits à le baptiser « Moyen-Orient », terme d'origine plus ancienne mais qui jusque-là n'avait jamais séduit. Le Moyen-Orient qu'ils ont imaginé tournait autour d'un nombre réduit, mais en croissance rapide, d'ardents occidentalisateurs laïques, d'hommes et de femmes qui ne pouvaient plus attendre pour commencer à tirer de leur fatalisme et de leur obscurantisme médiéval leurs frères et sœurs plongés dans les ténèbres pour les faire entrer dans le monde moderne. Là où les voyageurs britanniques avaient décrit de nobles sauvages écumant le désert et des *effendis* corrompus traînant paresseusement dans les cafés, les nouveaux enthousiastes annonçaient l'avènement de démocrates néophytes, d'entrepreneurs libéraux et d'intellectuels laïques. Là où les sybarites français avaient vu des demoiselles à la capiteuse sensualité, les analystes américains du Moyen-Orient d'après guerre ont dessiné à grands traits un avenir à court terme de femmes sans voile diplômées des universités et hauts fonctionnaires. Comme pour les clichés orientalistes antérieurs, on pouvait effectivement trouver certains individus particuliers qui correspondaient à ces nouveaux stéréotypes. Mais cette concentration obsessionnelle sur les arbres nobles et avancés cachait, et continue à cacher, la forêt qui les entoure, et compromettait tout effort réaliste pour la voir.

Cet imaginaire du nouveau Moyen-Orient est l'exact contraire de celui qu'avaient formulé les artistes et intellectuels européens évoqués par Edward Said. Mais les mettre dans le même sac comme deux faces opposées de l'orientalisme, bien que la thèse soit logiquement plausible, ferait oublier à quel point la force motrice de la politique des États-Unis au Moyen-Orient depuis un demi-siècle est une vision nouvelle : des Arabes et des musulmans que les Américains pourront aimer et qui rendront son amour à l'Amérique. L'invention américaine d'après-guerre du Moyen-Oriental « moderne » mérite d'être envisagée séparément parce qu'elle a modelé une vision spécifiquement américaine de la région, et parce qu'elle reste un phare qui guide les décideurs politiques.

Bernard Lewis, dans le passage cité au chapitre précédent, soulignait que les Américains et les Européens de sa génération avaient vécu les années 1950 avec une tournure d'esprit façonnée par la défaite du fascisme et la menace de la guerre froide. C'est pendant cette décennie que certaines des meilleures universités américaines ont inauguré les premiers programmes de second cycle en « études moyen-orientales ». Les étudiants – dont j'étais – qui peuplaient ces premiers cours sur le Moyen-Orient étaient trop jeunes pour avoir fait directement l'expérience de la croisade antifasciste, mais ils en ont ressenti l'impact. Quand nous avons appris combien de nos professeurs avaient travaillé dans les services secrets américains ou britanniques pendant la guerre, nous ne nous sommes plus demandé si les idées qu'ils nous enseignaient ne devaient pas davantage à l'expérience du conflit et aux angoisses de l'après-guerre qu'à une appréciation sereine de la société, de la culture et de l'histoire du Moyen-Orient.

Dans un ouvrage maladroitement intitulé *Ivory Towers on Sand : The Failure of Middle East Studies in America* [Tours d'ivoire sur du sable : l'échec des études moyen-orientales en Amérique], livre amer qui se proposait de décrier toute l'entreprise des études moyen-orientales, Martin Kramer a soutenu que c'est une cabale d'universitaires entreprenants, bien décidés à chaparder de l'argent au Trésor public, qui a joué le rôle clé dans le lancement de cette filière, et que les hauts fonctionnaires qui évaluaient les besoins des États-Unis en spécialistes des pays étrangers n'avaient rien à voir avec ça[5]. Néanmoins, les milieux du renseignement ne négligeaient pas le Moyen-Orient, même si leurs grandes priorités étaient l'Union soviétique et la Chine, et les crédits attribués pour l'étude de la région n'ont pas été obtenus sous de vains prétextes.

En 1953, le président Eisenhower a créé l'Operations Coordinating Board, qui succédait au Psychological Strategy Board du président Truman. Composé de représentants des principales institutions de l'État en matière de renseignement, de défense et de propagande, ce comité cherchait à comprendre cet aspect de la compétition mondiale de la guerre froide qu'on appellerait plus tard « gagner les esprits et les cœurs ». En 1957, l'un de ses groupes de travail a rédigé un document secret intitulé

Inventory of U.S. Government and Private Organization Activity Regarding Islamic Organizations as an Aspect of Overseas Operations [Inventaire de l'activité américaine publique et privée au sujet des organisations islamiques dans le cadre des opérations à l'étranger]. Le raisonnement de ce rapport apparaît clairement dans son introduction sur « L'état de l'islam aujourd'hui » :

L'islam est important pour les États-Unis :

a. *Parce qu'il a des valeurs compatibles.* L'actuelle division du monde en deux camps est souvent représentée comme une fracture politique, alors que le vrai clivage se situe entre une société où l'individu est motivé par des valeurs spirituelles et éthiques et une société où il est l'instrument d'un État matérialiste. L'islam et le christianisme ont une base spirituelle commune dans la croyance en une puissance divine qui gouverne et dirige la vie et les aspirations humaines, tandis que le communisme est un matérialisme purement athée qui est hostile à toute religion révélée.

b. *Les communistes exploitent l'islam.* En dépit d'une incompatibilité fondamentale, les communistes soviétiques et chinois ont de loin surpassé l'Occident, États-Unis compris, en matière d'appels directs lancés aux musulmans en tant que musulmans. [...]

c. *Il affecte très sensiblement l'équilibre des forces.* Sur les 81 membres des Nations unies, 16 sont majoritairement musulmans et 32 ont une population musulmane de plus de 50 000 personnes. [...] Les 16 membres de l'ONU constituent un bloc qui défend les intérêts musulmans et pourrait combattre ceux de l'Ouest. Mais le plus important est que, de toutes les grandes religions du monde, c'est l'islam qui croît le plus vite, tant par accroissement naturel que par activité missionnaire.

d. *L'orientation future de l'islam est incertaine*, en raison de la réaction négative qu'a provoquée l'impact de l'Ouest et de la technologie sur les pays musulmans. L'attrait du matérialisme a miné les valeurs éthiques et morales – ce qui laisse beaucoup de gens désorientés.

Dans tous les pays musulmans, des intellectuels cherchent des réponses, et si l'on ne trouve pas moyen de concilier les principes islamiques et les tendances politiques et sociales actuelles, les valeurs spirituelles de l'islam seront perdues et le basculement vers le matérialisme accéléré.

e. *Le territoire couvert par l'islam est immense.* [...] En tant que foi missionnaire militante, l'objectif ultime de l'islam est de convertir le monde. [...] Au Moyen-Orient, la stabilité est très inégale et, là où l'instabilité l'emporte, la foule est tout à fait prête à suivre les appels enflammés. En Asie du Sud-Est, les structures de comportement politique et social modernes sont fluctuantes, mais dans cette région les partis politiques musulmans sont très forts. En Afrique noire, l'islam se répand aussi vite que le feu, et de vastes territoires pourraient devenir de plus en plus réceptifs à une audacieuse propagande xénophobe et antioccidentale[6].

Après quelques commentaires sur l'organisation religieuse islamique, l'inventaire énumère les facteurs qui favorisent la coopération avec l'Ouest – croyances communes, opposition à l'athéisme, gentillesse naturelle envers les étrangers – et ceux qui l'entravent, dont le militantisme musulman, les différences culturelles entre musulmans et chrétiens, la rancœur des musulmans contre la domination de la civilisation occidentale, leur peu de goût pour la démocratie et leur sentiment de supériorité religieuse[7]. En évaluant la capacité des Américains à répondre à ces deux ensembles de facteurs, il remarque que les efforts missionnaires ne datent pas d'hier. « Les vies de ces missionnaires chrétiens avaient créé une image favorable, admirée, de l'Américain dans l'esprit des musulmans. Les contacts récents, plus étendus, l'ont un peu remise en question. » Des hommes d'affaires américains aussi s'étaient engagés dans la région, mais « ils ont mené leurs activités sans se soucier de la religion et de la culture locales. [...] Il n'y a eu aucun effort pour faire le lien entre l'éthique américaine des affaires et l'éthique locale, pas d'équivalent, donc, à l'approche missionnaire ». Telle était la situation à la fin de la Seconde Guerre mondiale.

> Jusqu'en 1946, nos ambassades dans la région n'avaient qu'une poignée de fonctionnaires, et dans plusieurs pays nous n'avions aucune représentation diplomatique. Depuis lors, quantité d'Américains s'y sont rendus pour représenter officiellement notre pays. *Sans connaissance du milieu, ils ont eu tendance à se fier à des intellectuels anglophones, formés à l'occidentale, et à se persuader que ces éléments locaux, et tous les autres, raisonnent et agissent tout à fait comme nous.* Rares sont ceux qui ont la moindre idée du rôle de l'islam dans la vie et dans la société, et ils n'ont aucune conscience du rapport entre l'islam et les courants actuels du nationalisme et de la xénophobie. Le manque de connaissances adéquates du personnel américain sur les croyances et pratiques musulmanes ressort bien, par exemple, des programmes de formation, qui ne prévoient aucun enseignement spécifique sur l'islam, et de l'absence de directives adaptées au terrain, qui donneraient des informations sur les organisations musulmanes locales. Les dirigeants de ces États soulignent bien qu'ils sont des musulmans pratiquants et insistent pour que tous les plans de progrès et de réformes soient conformes aux principes de l'islam [8]. [C'est moi qui souligne.]

Enfin, l'inventaire fait plusieurs recommandations, dont la plus pertinente dit : « Il faudrait lancer immédiatement des études régionales du Moyen-Orient, de l'Afrique et de l'Asie du Sud-Est, ou des études de pays privilégiés dans ces zones [9]. » À cette fin, le rapport énumère, en tant que ressources, les toutes jeunes sections d'études moyen-orientales à Harvard, Princeton, la Johns Hopkins University, l'université de Chicago, l'université de Pennsylvanie, l'université du Michigan, l'université Columbia et l'UCLA [10]. Donc, lorsque Kramer prétend que la filière des « études moyen-orientales » a été créée dans les universités pour l'unique raison qu'une poignée de professeurs a trouvé un bon moyen d'extorquer de l'argent à l'État, sa thèse ne résiste pas à l'examen.

Mais, si l'on examine le contenu de l'enseignement des nouvelles « études moyen-orientales », on sera plus compréhensif pour certaines autres accusations de Kramer. L'accent mis sur l'islam contemporain dans l'inventaire de l'Operations Coordinating Board n'est pas passé dans les programmes universitaires de la discipline. Ils ont aussi ignoré son avertissement sur « la réaction négative qu'a provoquée l'impact de l'Ouest et de la technologie sur les pays musulmans », et sa mise en garde : « Si l'on ne trouve pas moyen de concilier les principes islamiques et les tendances politiques et sociales actuelles, les valeurs spirituelles de l'islam seront perdues. » Bien au contraire, comme le note justement Kramer, les pionniers des études sur le Moyen-Orient se sont attachés à des théories du « développement » et de la « modernisation » qui « ont servi de successeurs naturels de la tradition missionnaire et ont insufflé aux études moyen-orientales [et à toutes les autres études non occidentales] un optimisme américain. [...] Bref, il ne s'agissait pas seulement d'un champ d'études à explorer ; c'était aussi un message à prêcher [11] ». Là où l'Operations Coordinating Board cherchait des moyens de contrer les communistes, les professeurs des études moyen-orientales, comme les missionnaires avant eux, cherchaient des Arabes et des musulmans que les Américains pourraient aimer.

STRUCTURATION D'UN CHAMP

Trois ouvrages écrits à la fin des années 1950, au moment même où était compilé l'inventaire du Coordinating Board, illustreront l'alliance des études moyen-orientales avec le « développement » et la « modernisation ».

Ces livres particuliers n'avaient pas été lus ou donnés à lire par tout le monde, mais tout le monde savait plus ou moins ce qu'ils contenaient et, au moins tacitement, prenait leurs idées pour parole d'Évangile.

Le premier expliquait aux étudiants que l'islam ne comptait pas. *The Passing of Traditional Society : Modernizing the Middle East*, publié en 1958 par le professeur du MIT Daniel Lerner, commençait par une enquête parrainée par le prestigieux bureau de recherche sociale appliquée de l'université Columbia en 1950. Elle avait été effectuée en Turquie, au Liban, en Jordanie, en Égypte, en Syrie et en Iran, après un galop d'essai en Grèce. Trois questions très générales introduisaient les 117 questions numérotées qui composaient cette enquête : « Allez-vous au cinéma ? Lisez-vous un journal ? Écoutez-vous la radio [12] ? » Le reste de l'enquête traitait presque exclusivement de pratiques et d'états d'esprit liés à ces médias. Exceptionnellement, la question 112 sollicite des informations personnelles, dont l'identité religieuse et la marque de la radio. La question 111 demande combien de fois la personne interrogée se rend dans un lieu de culte religieux, et quelle est l'importance de la religion dans sa vie quotidienne, à situer sur une échelle allant de « très importante » à « sans aucune importance ». Pour le reste, la religion n'est jamais mentionnée. Cinq questions multiples sondent des attitudes spécifiques et comparatives à l'égard des États-Unis, de la Grande-Bretagne et de la Russie.

L'étroitesse du registre des questions et la sur-représentation délibérée – de l'aveu même de Lerner – des spectateurs de films, auditeurs de radio et lecteurs de journaux renvoient à une théorie implicite qui associe exposition aux médias modernes et transition vers la modernité [13]. L'éminent sociologue de Harvard David Riesman observe, dans son introduction au livre, que « la distribution des acteurs de M. Lerner met les modernes d'un côté – ils sont cosmopolites, urbains, alphabétisés, généralement prospères et rarement dévots – et les traditionnels de l'autre – ils sont l'inverse. Mais il situe entre les deux plusieurs catégories de transitionnels : des gens dotés d'une partie de la mobilité psychique et de l'empathie des modernes, mais auxquels manquent des composantes essentielles du style moderne, en particulier l'alphabétisation [14] ». Ce que signifient exactement « empathie » et « mobilité psychique » dans ce contexte était probablement clair pour les sociologues de l'époque.

« L'orientation du changement », explique Lerner, « est la même dans tout le Moyen-Orient ; la tendance longue est à la mobilité – physique, sociale et psychique. [...] Dans tous les pays du Moyen-Orient, les transitionnels manifestent à un plus haut degré les caractéristiques que nous avons déjà associées au style des participants : la résidence urbaine, l'alphabétisation, la consommation de médias et la capacité d'empathie. [...] Le taux de changement social est partout fonction [...] du nombre d'individus qui passent dans la couche des transitionnels. Plus un pays a d'habitants qui se "modernisent", plus sa performance globale sur les indices de la modernité est élevée [15]. »

Tout cela est bel et bon, mais le résultat des enquêtes a été truqué d'avance. Les indices clés de la modernité ont été prédéterminés, la modernité elle-même étant définie selon un modèle spécifiquement occidental :

> Prendre le modèle occidental de modernisation comme norme de base nous est imposé [...] par les postulats implicites et les objectifs affichés qui dominent chez les porte-parole du Moyen-Orient. Que certains de ces dirigeants, lorsque cela leur est diplomatiquement commode, dénoncent l'Occident est politiquement important, et explique pourquoi nous avons choisi de parler de « modernisation » et non d'« occidentalisation ». Nettement plus important : la société occidentale offre toujours le

modèle le plus développé des attributs sociétaux (puissance, richesse, compétence, rationalité) que les porte-parole du Moyen-Orient continuent à présenter comme leurs propres objectifs. Leurs politiques et programmes officiels fixent nos critères de la modernisation. C'est de l'Ouest que sont venus les stimulants qui ont miné la société traditionnelle du Moyen-Orient. Pour la reconstruction d'une société moderne qui opérera efficacement dans le monde d'aujourd'hui, l'Ouest reste un modèle utile. En ce sens, ce qu'est l'Occident, le Moyen-Orient cherche à le devenir [16].

Ainsi, la logique théorique du livre est présentée comme imposée à l'auteur par les objectifs déclarés des « porte-parole » et « dirigeants » de la région. Il est donc raisonnable de se demander qui étaient les dirigeants de l'époque.

— *Turquie.* Suivant les traces de son mentor Mustafa Kemal Atatürk, Ismet Inönü est président de la République jusqu'au moment où des forces politiques dirigées par Celal Bayar et Adnan Menderes, et s'appuyant beaucoup sur l'opposition religieuse à la laïcité d'Atatürk, battent son parti dans une élection libre en 1950. Dix ans plus tard, l'armée turque dépose Bayar et Menderes, puis juge et exécute le second.

— *Égypte.* Le roi Farouk règne jusqu'au coup d'État militaire qui le renverse en 1952. Gamal Abdel Nasser s'impose rapidement comme dirigeant du coup d'État, puis du nouveau régime.

— *Irak, Liban et Jordanie.* En 1958, un coup d'État militaire du même type renverse la monarchie irakienne dirigée par le jeune roi Fayçal II et son mentor Nouri Said. Le général Abd al-Karim Kassem devient président de l'Irak. Le lendemain du coup d'État, le président du Liban Camille Chamoun adresse une urgente requête aux États-Unis : il leur demande d'envoyer des troupes pour protéger l'indépendance du Liban, et le président Eisenhower le fait. La Grande-Bretagne et les États-Unis envoient aussi des troupes en Jordanie pour protéger le roi Hussein, monté sur le trône après l'assassinat de son grand-père, le roi Abdullah, en 1949.

— *Syrie.* En 1958, toujours, la Syrie, en fusionnant avec l'Égypte (jusqu'en 1961) dans le cadre de la République arabe unie, met un terme à une série de neuf présidents et généraux qui s'étaient succédé au pouvoir depuis un coup d'État militaire initial en 1949.

— *Iran.* Mohammed Mossadegh devient Premier ministre en 1951 et acquiert un immense soutien populaire en nationalisant l'Anglo-Iranian Oil Company. Mohammed Reza Shah Palavi fuit le pays en 1953, mais revient vite après le renversement de Mossadegh par un coup d'État en partie monté par les services secrets britanniques et américains.

Avec le rythme haletant des événements politiques des années 1950, il est clair que les dirigeants de l'époque étaient bien plus soucieux de prendre le pouvoir ou de le garder que de mettre en œuvre des plans de modernisation de leur société sur le modèle occidental. Mais ce n'était peut-être pas, il est vrai, ce qu'ils disaient à l'ambassadeur des États-Unis. Quoi qu'il en soit, Lerner semble préférer « porte-parole » à « dirigeants » pour désigner ceux qui, à l'en croire, ont déterminé son angle d'étude du Moyen-Orient. Peut-être n'est-il donc pas justifié de parler uniquement des dirigeants. De plus, s'il est évident que le roi Farouk n'était pas d'accord sur tout avec le colonel Nasser, Inönü avec Menderes, le roi Fayçal avec le général Kassem et Mossadegh avec le shah, il est possible qu'ils aient tous conçu de la même façon les critères de la modernisation.

Malheureusement, Lerner ne révèle pas l'identité des « porte-parole » dont il a repris les idées avec un si profond respect. Mais on peut présumer sans risque d'erreur qu'ils ne comprenaient pas de syndicalistes communistes, ni d'ayatollahs chiites, ni de monarques et de cheikhs de la péninsule Arabique. Très probablement, ces porte-parole étaient des « modernes », c'est-à-dire des personnalités de la fonction publique, des affaires et de l'enseignement qui voulaient tisser des liens plus étroits avec l'Ouest. C'est ce que laisse entendre l'inventaire de l'Operations Coordinating Board quand il évoque (et déplore) la tendance excessive des diplomates américains à se fier à des « intellectuels anglophones formés à l'occidentale ». Ces individus ont affirmé à leurs contacts américains ce que les deux parties croyaient et espéraient ardemment − que le Moyen-Orient était irrévocablement lancé sur les rails d'une modernisation rapide fondée sur le modèle occidental. Il est clair que Lerner était intimement convaincu que les « modernes » allaient très bientôt hériter de toute la planète, et il a conçu son étude pour déguiser ce fantasme en fait pseudo-scientifique.

Nul ne nie qu'il y avait des « modernes » pro-occidentaux dans de nombreux pays du Moyen-Orient pendant les années 1950. Et personne ne peut douter que l'alphabétisation et l'exposition aux médias font évoluer les esprits. Ce qui pose problème, c'est l'orientation du changement. Si Lerner avait inclus parmi ses « porte-parole » des personnages comme l'Égyptien Sayyid Qutb, devenu un promoteur militant, tonitruant et très cultivé de l'activisme révolutionnaire islamique après un séjour aux États-Unis en 1948-1950, il aurait observé un point de vue très différent, et profondément antioccidental, sur la modernisation. Il en aurait été de même s'il avait pris en considération les très nombreux écrits du militant religieux pakistanais Abou al-Ala al-Mawdudi, qui ont commencé à circuler en Égypte en 1951. Au cours des décennies suivantes, les idées de ces militants religieux musulmans et d'autres personnalités du même ordre ont exercé une pression bien plus forte pour un changement que les pronostics des porte-parole modernistes auxquels Lerner a fait confiance pour son étude.

Ce n'est qu'un livre, bien sûr, mais il illustre trois aspects importants des études moyen-orientales dans leurs années de gestation : le gigantisme, l'inattention à l'islam et le postulat faisant de la modernité occidentale le seul avenir souhaitable.

D'abord, l'échelle de l'entreprise de Lerner était immense – six pays parlant trois langues entièrement différentes, et le postulat selon lequel l'ensemble du Moyen-Orient était engagé dans un seul et même processus historique. Ce postulat d'homogénéité de la modernité faisait un joli contraste avec une autre idée tout aussi populaire, avancée par l'anthropologue Carleton Coon dans un ouvrage dont la lecture était vivement recommandée, *Caravan : The Story of the Middle East* : toute société traditionnelle moyen-orientale était une « mosaïque » hétérogène de groupes religieux, linguistiques et ethniques infranationaux [17]. En tant qu'étudiants, nous avons appris que la tradition était un labyrinthe ténébreux et impénétrable, et la modernisation une route toute droite vers un avenir lumineux.

Deuxièmement, tout en ignorant empiriquement l'islam dans le questionnaire sur lequel repose l'ouvrage, Lerner le récuse sans hésiter théoriquement : il n'a aucune pertinence pour la modernisation :

> Puisque l'effort intellectuel pour reformuler l'islam en des termes plus adaptés à la société en voie de modernisation a été inhibé, une faille psychique de belle taille s'est constituée au Moyen-Orient. Dans certains pays, l'aphasie est allée plus loin que dans d'autres. L'Égypte, pour prendre un cas extrême, paraît s'enfermer toujours plus dans une position fausse. Aspirant à l'hégémonie sur la région arabe et à la primauté parmi les musulmans du monde entier, elle a cherché à construire un symbolisme unificateur sur le syndrome arabo-musulman majoritaire. Mais cela correspond mal à la réalité observable, et

n'offre pas de ligne directrice à ces hommes-en-marche qui ont le plus grand besoin de mots nouveaux pour rendre compte de leurs comportements nouveaux [18].

Troisièmement, la modernisation à l'occidentale est posée sans démonstration convaincante comme l'objectif conscient de la société moyen-orientale. Aucune autre voie pour entrer dans le monde moderne n'est envisagée sérieusement, aucune attention n'est portée à la critique politique et culturelle de l'Occident qui monte à partir des années 1950, et qui était une préoccupation spécifique des auteurs de l'inventaire de 1957 de l'Operations Coordinating Board.

Pourtant Lerner n'est pas conforme au modèle des orientalistes d'Edward Said. Il concentre son inventivité sur ses « hommes-en-marche », pas sur le romantisme du Bédouin, l'érotisme torride du harem ou l'air louche des Arabes des villes. Lerner consacre l'essentiel de ses efforts à décrire un type de Moyen-Oriental que les Américains pourraient admirer et apprécier (Anthony Grey dirait : aimer). Ses « transitionnels » sont modernes, occidentaux et en marche. Ils sont si manifestement, dans l'esprit de Lerner, les bâtisseurs de l'avenir qu'il ressent à peine le besoin de mentionner les Orientaux exotiques des générations passées.

Pour nous, première génération d'étudiants engagés dans la filière des études moyen-orientales, les idées de Lerner et d'autres membres de ce que nous appelons aujourd'hui la « grande génération » ont pesé très lourd. Étant nous-mêmes des néophytes qui jusque-là ne savaient rien, ou si peu, du Moyen-Orient, nous n'avions aucun point d'appui pour critiquer ce qu'on nous enseignait. Nos camarades de classe issus des pays du Moyen-Orient ou de familles originaires de la région étaient peu nombreux. Aux rares occasions où nous avions rencontré des Orientaux arabophones autres que l'assistant d'arabe de l'université, nous avions été atterrés de constater combien l'arabe classique étudié en classe avait peu de rapports avec la langue parlée de la vie quotidienne. Cinq ans d'arabe de Harvard et je ne pouvais m'exprimer à Beyrouth sans faire glousser de rire !

Nous étions pourtant censés sortir de nos deux ans de formation de second cycle avec une expertise suffisante sur la région pour pouvoir occuper des postes dans l'administration ou les affaires. L'ampleur du savoir relevant de notre domaine était immense : il embrassait plus de vingt pays, trois aires linguistiques et une gamme de disciplines universitaires allant de l'économie et de l'anthropologie à l'histoire, aux sciences politiques et aux langues. Ce qui a rendu concevable ce programme incroyablement étendu, c'étaient la confiance en soi d'après guerre des enseignants qui avaient reçu mission d'inventer les études moyen-orientales et l'usage de perspectives théoriques totalisantes comme celles de Lerner. Si les études moyen-orientales ne s'attiraient guère le respect des spécialistes très bien formés dans les disciplines universitaires traditionnelles, notre esprit de corps était solide, nous avions confiance dans la justesse de ce qu'on nous enseignait et nous n'étions guère disposés à critiquer nos professeurs.

Passons à un deuxième exemple de la vaste toile de fond sur laquelle les auteurs des années 1950 ont dessiné leurs esquisses du Moyen-Orient : *The Politics of Social Change in the Middle East and North Africa*, ouvrage publié en 1963 par Manfred Halpern, professeur à Princeton. Halpern expose son approche méthodologique dans un Avant-propos :

> Cette étude s'interrompt rarement pour expliciter le cadre méthodologique de son analyse, ou les concepts et hypothèses qui sous-tendent ses conclusions. [...] Elle n'est pas uniquement fondée sur la réalité existante. Elle ne dit pas simplement, par exemple, que le Moyen-Orient a peu de partis politiques, qu'il est parfois question dans

le discours, mais moins dans les faits, d'en constituer quelques autres, et qu'il serait donc prématuré d'évaluer ce que des partis politiques pourraient accomplir. Ce livre va plus loin, et se demande quel rôle les partis doivent absolument jouer pour parvenir efficacement à créer une nouvelle culture politique en ces temps de mutation sociale rapide. [...]
Nous explorons ici seize pays qui ont connu des problèmes du même ordre dans leur transition du passé islamique à l'époque moderne [...].
Les deux méthodes d'analyse sur lesquelles s'appuie essentiellement ce livre peuvent nous aider à renforcer l'ampleur, l'exactitude et la pertinence de l'interprétation. Elles ne peuvent pas compenser notre ignorance des faits, et une bonne part de ce qui est dit ici repose encore sur des exemples privilégiés et non sur des données exhaustives. Mais ces exemples sont toujours conçus pour apporter une illustration convaincante qu'il existe bien des faits à l'appui d'une hypothèse particulière. Nous les présentons en postulant que les résultats de futures recherches viendront les corroborer dans d'autres zones de la région [19].

Si Halpern avoue franchement qu'il va de soi, à ses yeux, que la région est engagée dans une « transition du passé islamique à l'époque moderne », cela n'enlève rien à l'ampleur de la manipulation des données qu'il est prêt à opérer pour imaginer un Moyen-Orient qui corresponde à sa vision de l'avenir. Voici comment il répond à une objection qui fait consensus chez les observateurs de la région : l'absence d'une classe moyenne capable de diriger la marche vers la modernité – problème que Lerner a résolu en découvrant, par son enquête, diverses catégories de « transitionnels » :

Dans notre vaine recherche de classes moyennes dans les régions sous-développées, le problème était nos propres attentes. Nous avions une vision bien trop étroite de la structure d'une classe moyenne. [...] Dans tous les domaines de la vie du Moyen-Orient, une classe d'hommes inspirés par un savoir non traditionnel prend de plus en plus fermement les choses en main, et elle se coagule autour d'un noyau d'hommes politiques civils et militaires, d'organisateurs, d'administrateurs et d'experts salariés[20].

La sociologie théorique de Halpern rejoint donc la sociologie empirique de Lerner : toutes deux postulent qu'un processus de modernisation est en cours et cherchent à repérer les éléments qui le dirigent. Toutes deux ont accueilli avec un optimisme prudent les coups d'État militaires qui ont secoué la région dans les années 1950, parce qu'elles comptaient beaucoup sur le corps des officiers — des « hommes-en-marche » selon Lerner, la « nouvelle classe moyenne salariée » selon Halpern — pour frayer un chemin à la modernisation. Que ce chemin ait en fait conduit à l'oppression d'un État policier a été une amère surprise.

Halpern rejoint aussi Lerner en affirmant que l'islam est un handicap :

> Tant que le musulman soutiendra que l'ordre global révélé par Dieu au VIIe siècle puis consacré par la tradition est définitif et ne peut pas être amendé, il sera incapable d'étudier le monde indépendamment et scientifiquement pour modeler lui-même son univers. [...] Le musulman [à la différence du chrétien] émerge d'une époque où la tyrannie, l'anarchie, la faim et la mort semblaient souvent irrémédiables, contexte qui a contribué à renforcer les dogmes religieux : Dieu était tout-puissant, les moments de la vie n'étaient pas une suite de causes et d'effets mais des miracles séparés créés par Dieu [21].

Si Halpern suggère qu'« une Réforme et une Renaissance sont bien engagées au Moyen-Orient[22] », il ne dit pas en quoi elles consistent. Son chapitre sur l'islam contemporain se concentre en fait sur les échecs de l'islam réformiste, le triomphe des dirigeants laïques et la menace du totalitarisme néo-islamique[23].

Suivant Lerner, Halpern et d'autres auteurs, les professeurs des sections d'études moyen-orientales des années 1960 enseignaient que l'occidentalisation était inévitable. C'était donc notre devoir d'étudiants – mais, en ma qualité de médiéviste, j'étais exempté de cet aspect du programme – de trouver comment étudier cette transformation miraculeuse, et d'identifier et d'aider les catégories de personnes qui la réalisaient. C'est ce même devoir que l'on prêche aujourd'hui en Irak aux administrateurs coloniaux débutants.

L'islam, de l'avis pratiquement unanime, paraissait dans le meilleur des cas une relique historique vouée à la disparition en tant qu'élément de la « tradition ». Dans le pire, il était porteur d'une menace potentielle de totalitarisme. Dans les deux cas, il n'était pas un sujet d'étude agréé, sauf pour les médiévistes. Ce rejet de principe de toute vision positive de l'islam contemporain contribue beaucoup à expliquer pourquoi, entre la fin de la Seconde Guerre mondiale et la Révolution iranienne de 1979, il n'y a eu qu'une petite poignée de livres écrits sur le sujet par des chercheurs formés aux États-Unis. Sur ces rares ouvrages, deux traitaient des Frères musulmans égyptiens, principale illustration de la thèse de la menace islamique.

Notre quête de Moyen-Orientaux qui pourraient nous plaire – parce qu'ils seraient comme nous – a mis des œillères à l'entreprise des études moyen-orientales dès le tout début. Les lentilles idéologiques à travers lesquelles les orientalistes d'Edward Said avaient vu une terre d'exotisme ont été retaillées dans l'Amérique d'après guerre pour produire une autre vision déformée : celle des « hommes-en-marche ». Invisibles entre ces deux constructions imaginaires, d'autres visions existaient, qui se sont avérées, avec le temps, plus importantes. La zone intermédiaire, faite de personnes profondément attachées à leur tradition religieuse mais désirant partager au moins certains bienfaits du monde moderne, a donné naissance à la Révolution iranienne, à une multitude de mouvements et partis politiques islamiques, et aussi, malheureusement, aux complots djihadistes d'Oussama Ben Laden. Mais, à de rares exceptions près, le militantisme islamique est resté inaperçu et impensé dans la période initiale des études moyen-orientales, et il demeure une inquiétante énigme jusqu'à nos jours.

Si la modernisation tenait une place aussi excessive dans la pensée d'après-guerre, c'est parce qu'on pensait que le capitalisme, qui s'était autobaptisé « monde libre », allait devoir rivaliser dans le monde entier avec le communisme sur cette question – qui offrait la meilleure voie vers la modernisation. Dans le cas du Moyen-Orient, l'inventaire de l'Operations Coordinating Board présentait le monde islamique comme un champ de bataille à la fois spirituel et matériel de la guerre froide. Le livre de John C. Campbell *Defense of the Middle East : Problems of American Policy*, publié en 1958, a fait entrer cette leçon dans la tête des étudiants des sections « moyen-orientales »[24]. Campbell était le directeur des études politiques du Council on Foreign Relations, vénérable institution new-yorkaise réputée depuis longtemps pour ses évaluations mesurées et libérales des problèmes mondiaux. Son livre reflète les délibérations d'un groupe de travail du Council qui comprenait la quasi-totalité des politologues spécialistes du Moyen-Orient de la génération pionnière.

Comme Lerner et Halpern, Campbell englobe dans son champ de vision tout le Moyen-Orient, mais ce qui l'intéresse est de contrer l'impérialisme soviétique. Il postule la modernisation, mais ne met pas l'accent sur elle : « Néanmoins, les remous de tous les pays du Moyen-Orient reflètent un urgent besoin qui les taraude tous : celui de construire une société nouvelle, de prendre leur place dans le monde moderne, sans devenir les instruments d'autrui ni perdre en route leur identité nationale et culturelle[25]. » De même, la vision de l'islam qu'a Campbell le subordonne à son thème principal :

Il est certain qu'on ne peut compter sur l'islam pour servir de barrière [à l'expansion soviétique]. La théorie selon laquelle le communisme et l'influence soviétique ne pourront jamais percer dans le monde musulman parce qu'ils sont matérialistes et athées ne s'est pas confirmée. La religion tient effectivement une place importante dans la société du Moyen-Orient. Elle colore les attitudes tant populaires qu'officielles. Mais elle n'assure pas l'immunité absolue contre un virus politique comme le fascisme ou le communisme. La théorie communiste présente certains parallèles superficiels avec le dogme islamique, et la promesse d'une vie matérielle meilleure n'est pas en contradiction avec lui. Surtout, l'impact du monde moderne sur l'islam a produit deux tendances fortes qui peuvent ouvrir la porte à l'influence communiste : la première est l'incapacité des doctrines et institutions traditionnelles à conserver l'allégeance des grands intellectuels et de la nouvelle génération, bien décidée à trouver moyen de sortir de l'arriération matérielle ; la seconde est la répulsion pour l'Occident, qui, si elle renforce souvent l'attachement à l'islam, a souvent créé aussi un sentiment d'identification à toutes les théories et forces politiques hostiles à l'Ouest[26].

Malgré leurs œillères, les trois ouvrages que je viens d'évoquer et une poignée d'autres, dont *Islam et laïcité. La Naissance de la Turquie moderne* de Bernard Lewis et *Caravan* de Carleton Coon, constituent une réalisation intellectuelle majeure. Leurs théories et généralisations ambitieuses et tendancieuses ont posé les bases des études moyen-orientales, qui sinon auraient pataugé. Mais applaudir les fondateurs de la discipline pour leur esprit d'entreprise et leur audace ne peut faire oublier que l'étroitesse et l'irréalisme de certaines de leurs idées continuent toujours à fausser l'interprétation américaine du monde musulman.

Vers Bagdad

Quatre décennies ont passé depuis la publication de ces visions théoriques. Guerres et révolutions, chocs pétroliers et processus de paix, attentats terroristes et intifadas se sont succédé : chacun de ces événements spectaculaires a été une gifle pour la communauté des experts du Moyen-Orient dans les universités et les services de l'État, démentant, la plupart du temps, les prédictions qu'ils avaient faites à la suite de la crise précédente. Nul ne peut dire qu'ils ont eu plus souvent raison que tort. Certaines invectives de Martin Kramer dans *Ivory Towers on Sand* touchent juste. Les chercheurs qui, dans les années 1980, ont vu (à juste titre) dans l'islam politique une voie prometteuse vers un avenir démocratique ont été indéniablement incapables de prédire la puissance du terrorisme religieux. Et ceux qui (eux aussi à juste titre) ont considéré l'émergence d'une « société civile » comme un présage d'évolution libérale ont indéniablement sous-estimé la ténacité de l'État policier. Mais ce que Kramer ne dit pas, et son omission est peu charitable, c'est que *toutes* les prédictions sur le Moyen-Orient, ou presque, se sont révélées fausses pendant la seconde moitié du XXe siècle, dont celles qui avaient vu les négociations israélo-palestiniennes apporter la paix et la prospérité à toute la région, qui avaient proclamé le repli de la religion hors de la vie publique, ou qui avaient prévu que les soldats américains recevraient un accueil enthousiaste en Irak.

Selon Kramer, la meilleure réaction à ces échecs de l'anticipation est de mettre fin au financement public des études moyen-orientales et d'accorder plus d'attention –

si c'est possible – aux prédictions du groupe de réflexion qui a publié son livre, le Washington Institute for Near East Policy (WINEP). Qu'est-ce que cela donnerait sur l'islam ? Le *Special Policy Forum Report* du WINEP, daté du 10 avril 2003, cite ces propos de Daniel Pipes, collègue et mentor de Kramer : « Si l'islam militant est le problème, l'islam modéré est la solution. Le monde n'est pas confronté à un choc des civilisations, mais plutôt à une lutte entre musulmans modérés et militants. [...] L'heure est venue pour Washington d'encourager le développement démocratique, mais à petits pas, par étapes graduelles. Ce qui veut dire construire des sociétés civiles où règne l'état de droit, où la liberté d'expression et de réunion se développe, où il y a des élections locales, etc. [27]. » Ces recommandations présentent une ressemblance suspecte avec les points de vue optimistes des années 1980 sur l'islam modéré et la société civile, que Kramer attaquait dans son livre comme naïfs et apologétiques.

L'incapacité d'une expertise scientifique durement acquise, qu'elle soit mise en œuvre par les professeurs des études moyen-orientales ou par Martin Kramer et Daniel Pipes, à faire des prédictions plus crédibles et cohérentes suggère des erreurs fondamentales au cœur même de l'entreprise. Certes, d'autres explications des prédictions erronées peuvent séduire. Certains soutiennent que les heureuses perspectives ont sans cesse déraillé parce que les administrations américaines successives n'ont pas su soutenir pleinement les aspirations palestiniennes et imposer la libéralisation aux dictateurs et monarques répressifs. Ces chemins que l'on n'a pas pris – qui dans la pratique n'ont peut-être jamais été autre chose que des rêves – auraient peut-être rendu la politique moyen-orientale plus prévisible. Une socialisation de la richesse pétrolière au profit de tous les pays du Moyen-Orient, le choix de la dépenser pour améliorer les conditions de vie dans les États pauvres en pétrole comme dans les États pétroliers, et non de dilapider un nombre inimaginable de milliards en armements auraient peut-être aidé aussi. Mais pleurer sur les occasions perdues ne contribue guère à résoudre notre problème permanent : tenter de comprendre le monde auquel nous sommes confrontés aujourd'hui.

La question est claire : sommes-nous prêts à jeter par-dessus bord les postulats des années 1950, ou resterons-nous éternellement à l'affût des « hommes-en-marche » capables de refaire le monde musulman à notre image ? Un survol de ce qui s'écrit depuis le 11 septembre 2001 n'est guère encourageant. Il est aussi difficile aujourd'hui qu'en 1960 de trouver un point d'intersection entre la politique américaine et la vision du monde de dizaines, sinon de centaines de millions de musulmans qui veulent que leurs gouvernements et les institutions fondamentales de leurs sociétés reflètent un ordre politique et moral musulman. Ce n'est pas par manque d'ouvrages écrits par des musulmans pour exposer et préconiser telle ou telle version de ce type d'ordre. Ils sont légion. Et les chercheurs non musulmans ne sont pas non plus inattentifs aux questions islamiques comme ils l'étaient avant la Révolution iranienne. Des livres proposant de nouvelles perspectives sur l'islam – dont celui-ci – paraissent chaque mois. Le problème, c'est d'intégrer cette masse d'informations sur l'islam aux horizons de ceux qui ont mission de concevoir la politique de l'État. Les milieux politiques, et les experts qui leur sont proches, persistent à esquiver ces autres visions de la modernité qui pourraient incarner une perspective musulmane et non occidentale. Au pire, ils voient dans la politique islamique un ennemi nocif et invétéré, et discutent des meilleures stratégies pour tenir en respect les musulmans tout en soupirant : « Pourquoi nous haïssent-ils ? » Au mieux, ils reconnaissent qu'il faut être sensible aux normes culturelles locales, et même à l'islam modéré, sans dire clairement comment cette sensibilité pourrait se manifester en pratique.

Les études moyen-orientales, on l'a vu, sont nées dans l'ombre de la guerre froide. Elles ont reçu mandat à la naissance de chercher à persuader les musulmans de suivre la route du monde libre vers la modernité, et non de se laisser mener en bateau vers la dictature par les communistes. La route du monde libre a conduit à des dictatures aussi exécrables que tout ce qu'a pu produire le communisme – à mon avis, je l'ai dit au chapitre précédent, en raison des vieux mécanismes d'un système politique typiquement musulman –, mais cela n'a pas compromis le mandat, car l'objectif ultime était la défaite du communisme et non le salut du monde islamique.

En dépit des bouleversements qui ont secoué la région depuis 1979, le mandat de 1957 n'a pas beaucoup changé. Les communistes ne sont plus là, mais nous nous demandons toujours comment nous pouvons persuader les musulmans de suivre un modèle occidental de la modernité. Avec la disparition du modèle socialiste de modernisation, ce rival qui, par ses racines, était aussi occidental que celui du monde libre, l'autre voie aujourd'hui ne consiste pas à « passer au communisme » mais à devenir un « État raté », ou même un « État voyou ». Si la pensée de la guerre froide incarnait un choix entre deux modèles de modernisation, la modernisation post-guerre froide ne se voit d'autre pendant que la pauvreté, le chaos et l'analphabétisme informatique. Les cercles politiques semblent incapables d'imaginer un modèle musulman de la modernité. Paradoxalement, la modernité qui est apparue au Japon après cinq ans d'occupation américaine était typiquement japonaise. Un bref instant, à l'apogée du boom économique japonais, certains Américains ont même pensé que c'était peut-être une modernité supérieure. Mais ceux qui ont proposé l'occupation du Japon comme modèle pour l'Irak d'après guerre semblent avoir en tête le baseball, Hello Kitty et les imitateurs d'Elvis [28], pas des femmes en foulard et des mollahs en turban. Le triomphalisme occidental nous a brouillé les idées sur le Japon à ce moment-là, comme il nous empêche aujourd'hui de comprendre l'islam. De plus, notre incapacité à imaginer un futur positif différent du nôtre pour une région dont l'avenir est de plus en plus entre les mains des Américains renforce inévitablement les accusations musulmanes d'impérialisme. Comme les missionnaires d'hier, nous voulons que les musulmans nous aiment, pas seulement pour ce que nous pouvons leur apporter en tant que société technologique, mais pour ce que nous sommes – pour nos valeurs. Mais nous refusons l'idée même de les aimer pour leurs valeurs.

Une remarque faite par John C. Campbell en 1958 garde toute sa force quatre décennies plus tard :

> Nous devrons faire beaucoup d'efforts apparemment superflus pour convaincre les gens, qui devraient le constater par eux-mêmes, que l'impérialisme occidental est une force qui a fait son temps et qui agonise. Il nous faudra proclamer plus de fois que cela semble raisonnable notre adhésion aux principes de souveraineté nationale et de non-ingérence dans les affaires intérieures des autres, et flatter ceux qui voient dans ces principes la réponse aux problèmes du monde [29].

On trouve une version récente du même sentiment dans une exhortation rédigée en 2002 par John Brown, vétéran de la diplomatie américaine dont les idées sont partagées par d'autres grands diplomates et professionnels de la communication, pour inciter l'État à investir davantage dans la diplomatie publique.

> Dans la guerre contre le terrorisme, par exemple, les divers outils de la diplomatie publique peuvent avoir un énorme impact dans le monde musulman. D'abord, une campagne d'information exacte et véridique, si elle est

convaincante et crédible, peut dissiper toute confusion sur la politique et les intentions des États-Unis. [...] Enfin, puisque la culture américaine est très mal connue et qu'on l'assimile souvent à la violence et à la pornographie, des activités culturelles sérieuses sans être ennuyeuses, propres aux États-Unis, qui plairaient à des publics musulmans, en particulier aux jeunes, pourraient avoir une importance particulière[30].

La mise en garde de l'inventaire de 1957 de l'Operations Coordinating Board sur « la réaction négative qu'a provoquée l'impact de l'Ouest et de la technologie sur les pays musulmans » garde elle aussi toute sa portée. Le problème n'est pas la technologie. Aucun groupe n'est plus assidu que les djihadistes d'Oussama Ben Laden à exploiter les possibilités offertes par les médias modernes. Le problème est la thèse qui fait de la technologie et des pratiques sociales et politiques occidentales un tout indivisible. Sur ce plan-là, des décennies de frustration dans l'effort pour vendre l'Amérique au monde musulman ont rendu un peu plus conscient de la résistance de l'acheteur :

> Les États-Unis sont un pays, pas un produit, un événement d'actualité ou un film ; leur gouvernement et leur peuple doivent s'expliquer à fond à l'étranger pour maintenir et étendre leur influence sur la scène internationale. *Même avec les communications planétaires et l'« américanisation », les autres pays continueront à avoir leurs cultures distinctes et leurs propres façons de voir la réalité. Pour notre survie nationale à une époque de terrorisme, nous ne pouvons nous offrir le luxe de penser que les autres finiront par devenir « comme nous » et que nous n'avons donc aucun besoin de les persuader ou de communiquer avec eux par une diplomatie publique*[31]. [C'est moi qui souligne.]

Cette reconnaissance salutaire de « leurs cultures distinctes et leurs propres façons de voir la réalité » ne va pas, malgré tout, jusqu'à se demander s'il pourrait y avoir du bon dans certaines de ces autres façons de voir la réalité. En un mot, les musulmans ont-ils raison d'accuser l'Occident d'être antimusulman ? Et si c'est vrai, l'Occident doit-il faire quelque chose pour y remédier ? Ou les musulmans n'ont-ils qu'à serrer les dents et à subir cette hostilité, afin d'obtenir les produits occidentaux – qu'ils soient technologiques, idéologiques ou économiques – qui leur paraissent désirables ?

Des déclarations de hautes personnalités de l'État, comme l'ex-directeur de la CIA James Woolsey, qui soutient que la guerre contre le terrorisme est la quatrième guerre mondiale – la troisième, c'était la guerre froide –, amènent les musulmans à se sentir collectivement la cible de la fureur américaine :

> La guerre contre le terrorisme ne s'arrêtera jamais, c'est clair, si nous ne changeons pas la face du Moyen-Orient, ce que nous commençons à faire en Irak. Vaste programme. Mais pas aussi vaste que ce que nous avons déjà accompli dans les guerres mondiales précédentes.
>
> Il reste à mener à bien le changement dans la seule région du monde qui, historiquement, n'a pas connu la démocratie, et qui a réagi avec colère contre les intrusions de l'extérieur – le Moyen-Orient arabe.
>
> Saddam Hussein, les autocrates de la famille royale saoudienne et les terroristes doivent tous comprendre que maintenant, pour la quatrième fois en cent ans, l'Amérique s'est levée. Ce pays est en marche. Nous n'avons pas choisi ce combat – ce sont les fascistes baasistes, les islamistes chiites et les islamistes sunnites qui l'ont fait –, mais nous y sommes à fond. Et puisque nous sommes en marche, nous n'avons qu'une seule façon de gagner. C'est la façon dont nous avons gagné la Première Guerre mondiale, en nous battant pour les Quatorze Points de Wilson. C'est la façon dont nous avons gagné la Seconde Guerre mondiale, en nous battant pour la Charte de l'Atlantique de Churchill et Roosevelt. C'est la façon dont nous avons gagné la Troisième Guerre mondiale, en nous battant pour les nobles idées qui ont été

parfaitement formulées par le président Reagan, mais aussi – c'est très important –, au début, par le président Truman.

Comme les guerres mondiales du passé, cette guerre n'est pas un conflit entre « nous » et « eux ». Ce n'est pas une guerre entre pays. C'est une guerre de la liberté contre la tyrannie [32].

Les distorsions de l'histoire que contiennent ces quelques paragraphes – le plus triste étant l'exclusion du tableau d'honneur de la fermeté américaine contre le communisme des présidents Eisenhower, Kennedy, Johnson, Nixon et Carter, qui se sont tous opposés à l'expansion militaire communiste – montrent à quel point l'idéologie l'emporte actuellement sur le bon sens dans les milieux politiques américains. Les Américains n'ont pas livré la Première Guerre mondiale pour les Quatorze Points de Wilson. La guerre avait déjà commencé depuis deux mois quand cette politique a été formulée. Ils n'ont pas non plus livré la Seconde Guerre mondiale pour la Charte de l'Atlantique. Le pacte entre Roosevelt et Churchill, signé quatre mois avant Pearl Harbor, ne faisait aucune mention du Japon, ni du fait que l'Amérique deviendrait un belligérant. Plus important, tant les Quatorze Points que la Charte de l'Atlantique proclamaient, pour citer la seconde, « le droit de chaque peuple à choisir la forme de son gouvernement ». Dans le déroulement réel de l'histoire, le respect de ce droit est passé après l'ambition impérialiste. La Grande-Bretagne et la France ont pris le contrôle du Moyen-Orient après la Première Guerre mondiale, et les signataires de la déclaration des Nations unies de 1942, qui reprenait la Charte de l'Atlantique, comprenaient des pays impérialistes comme la Grande-Bretagne, la Belgique et les Pays-Bas, qui n'avaient aucune intention de quitter leurs colonies après la guerre.

Cette incapacité historique des pays impérialistes à mettre en œuvre les principes présentés comme la raison d'être des deux premières guerres mondiales amène Woolsey à une conclusion d'une stupidité phénoménale : « Il reste à mener à bien le changement dans la seule région du monde qui, historiquement, n'a pas connu la démocratie, et qui a réagi avec colère contre les intrusions de l'extérieur – le Moyen-Orient arabe. » Par « intrusions de l'extérieur », Woolsey peut-il désigner autre chose que l'occupation et la manipulation impérialistes ? Croit-il vraiment que les peuples du Moyen-Orient ont eu tort de « réagir avec colère » à ces trahisons des promesses faites pendant la guerre ? On ne peut qu'espérer que ses termes sont simplement irréfléchis, comme tant de déclarations de dirigeants américains qui offensent profondément les habitants du Moyen-Orient et les musulmans.

Pour couronner son appui manifeste à l'impérialisme, et apparemment aveugle à l'hypocrisie d'une telle attitude au vu des idéaux qu'il prétend épouser, Woolsey dresse alors la liste de nos ennemis dans la Quatrième Guerre mondiale : d'un côté, « Saddam Hussein, les autocrates de la famille royale saoudienne et les terroristes » ; de l'autre, « les fascistes baasistes, les islamistes chiites et les islamistes sunnites ». Qui a-t-il laissé hors de la liste ? D'abord, des gouvernements soutenus par les États-Unis, comme ceux de l'Algérie, de l'Égypte, de la Tunisie et de la Turquie, qui emploient des méthodes d'État policier pour interdire toute participation à la vie politique aux militants musulmans désireux d'accéder au système électoral. Deuxièmement, les « intellectuels anglophones formés à l'occidentale », déjà mentionnés en 1957 en tant qu'interlocuteurs privilégiés des diplomates américains, et catapultés à des postes de premier plan (souvent après avoir vécu des décennies aux États-Unis en émigrés) en qualité de pères fondateurs potentiels de la démocratie moyen-orientale après la conquête de l'Irak en 2003. Aucun musulman ne peut être sûr de ce que veulent dire Woolsey et les autres hauts responsables de même tendance quand ils utilisent le mot « islamiste », mais nul besoin d'être un esprit particulièrement sceptique pour supposer que les États-Unis ne sont pas plus prêts aujourd'hui à tolérer une voie islamique vers la modernité que lorsque des révolutionnaires musulmans ont abattu la tyrannie du shah d'Iran en 1979.

On trouve l'esquisse d'un point de vue plus pluraliste et moins rigide dans un document des Nations unies intitulé *Rapport arabe sur le développement humain 2002*. Ce rapport a reçu une large publicité bien méritée pour son évaluation franche des conditions de vie dans le monde arabe, dont il présente le paysage culturel et pédagogique comme uniformément morne et stagnant. Mais il émane d'un groupe d'intellectuels arabes et non des autorités des États-Unis, et le patronage des Nations unies l'éloigne encore plus du monde de la politique américaine. Si ce rapport est incontestablement de ton laïque, ses auteurs se rendent bien compte, néanmoins, que de vastes secteurs du monde arabe portent un regard religieux sur la politique et la société, et reconnaissent que, de fait, leur point de vue ne peut pas être ignoré. Ils commencent par énoncer le problème sans concessions, mais en termes modérés :

> Les pays arabes enregistrent un retard par rapport aux autres régions en matière de gouvernance et de participation aux processus de décision. [...] Ce déficit de liberté va à l'encontre du développement humain et constitue l'une des manifestations les plus douloureuses du retard enregistré en termes de développement politique. La démocratie et les droits de l'homme sont reconnus de droit, inscrits dans les constitutions, les codes et les déclarations gouvernementales, mais leur application est en réalité bien souvent négligée, voire délibérément ignorée.
>
> Le plus souvent, le mode de gouvernance dans le monde arabe se caractérise par un exécutif puissant exerçant un

contrôle ferme sur toutes les branches de l'État, en l'absence parfois de garde-fous institutionnels. La démocratie représentative n'est pas toujours véritable, et fait même parfois défaut. Les libertés d'expression et d'association sont bien souvent limitées. Des modèles dépassés de légitimité prédominent[33].

L'ouverture vers l'islam se trouve dans une section intitulée « Une culture de l'excellence » :

La culture et les valeurs sont l'âme même du développement. Elles en constituent l'élan, offrent les moyens nécessaires pour le maintenir et définissent dans une large mesure la perception de ses buts et objectifs parmi la population. La culture et les valeurs ont une fonction instrumentale dans la mesure où elles contribuent à façonner, dans la vie de tous les jours, les espoirs, les craintes, les ambitions, les attitudes et les actes, tout en jouant également un rôle formateur en façonnant les idéaux et en inspirant les rêves d'épanouissement, y compris pour les générations à venir. Un débat est en cours dans les pays arabes sur la question de savoir si la culture et les valeurs favorisent ou retardent le développement. En dernière analyse, néanmoins, les valeurs ne sont pas les auxiliaires du développement, elles en sont la source.

Les gouvernements – qu'ils soient arabes ou non – ne peuvent décréter des valeurs à la population. Eux-mêmes et leurs actes émanent en effet, du moins en partie, des cultures et des valeurs nationales. [...]

La culture et les valeurs traditionnelles, y compris arabes, peuvent être en conflit avec celles de la mondialisation. Face à l'interdépendance mondiale croissante, la meilleure attitude se caractérise par l'ouverture et un engagement constructif, à travers lesquels les pays arabes peuvent contribuer à la mondialisation et en bénéficier. Les valeurs démocratiques ont également un rôle à jouer dans le règlement des différends entre traditionalisme culturel et modernité mondiale. Les individus auront des préférences différentes, les uns favorables aux influences mondiales, les autres refusant leur omniprésence. Dans un contexte démocratique, les citoyens peuvent décider comment évaluer et influencer les changements culturels, en tenant compte de la diversité des points de vue et en trouvant un juste milieu entre liberté individuelle et préférences populaires dans les choix difficiles qu'il s'agit d'opérer[34].

Un demi-siècle après que Daniel Lerner, avec d'autres, a enchâssé la théorie de la modernisation au cœur des études moyen-orientales, la quarantaine d'intellectuels arabes qui ont contribué à cette étude, dont certains sont sûrement les fils et filles de ses « hommes-en-marche » de 1950, font savoir clairement et poliment qu'en tant que « porte-parole » de leurs sociétés ils ne sont pas d'accord avec son postulat fondamental, « ce qu'est l'Occident, le Moyen-Orient cherche à le devenir ». Sous le voile discret des « cultures » et des « valeurs », l'islam a retrouvé un siège à la table des négociations. La question est de savoir si la position de Lerner — « prendre le modèle occidental de modernisation comme norme de base nous est imposé [...] par les postulats implicites et les objectifs affichés qui dominent chez les porte-parole du Moyen-Orient » — reste en vigueur dans les cercles politiques et universitaires américains. C'était une chose de déclarer en 1950 que les aspirations des habitants du Moyen-Orient — qui consistaient, supposait-on, à devenir exactement comme nous — devaient dicter les analyses du changement élaborées par les chercheurs américains. C'en est une autre, tout à fait différente, d'avancer que, si les électeurs d'un pays moyen-oriental ou musulman souhaitaient un gouvernement respectueux des normes et valeurs musulmanes, les Américains devraient regarder ce résultat d'un œil serein.

UNE CONVERSATION

On pourrait croire que le fil conducteur de mon raisonnement s'est perdu, mais il n'a fait que se cacher. Je vais le débusquer pour qu'il se montre à découvert. Avant la Seconde Guerre mondiale, les missionnaires américains au Moyen-Orient cherchaient des âmes à sauver. En général, ils ne pouvaient pas les sauver, car les lois locales interdisaient de convertir des musulmans, mais ils pouvaient au moins leur donner un peu d'amour chrétien et chercher à s'en faire aimer en retour.

Après la guerre, on a recommandé aux fondateurs des études moyen-orientales de concentrer leurs travaux sur l'islam contemporain, mais, ignorant ces conseils, ils les ont consacrés aux Moyen-Orientaux qui s'efforçaient d'agir comme des Occidentaux. Il n'y en avait pas beaucoup, comme il n'y avait pas eu beaucoup de convertis, mais on était convaincu que ces quelques individus seraient les pionniers qui apporteraient la modernité occidentale à la région. Les fondateurs de la discipline en étaient persuadés : au fond du cœur, les Moyen-Orientaux – tous les non-Occidentaux, en fait – voulaient que leurs sociétés soient comme celles de l'Occident.

Ceux que nous avons soutenus en tant qu'agents de la modernité sont devenus des dictateurs, leurs sociétés des États policiers. Une compréhension plus sûre de la culture politique de l'islam aurait pu nous en avertir, mais nous étions fous d'amour pour les hommes en marche. Malgré notre déception quand ils n'ont pas agi comme nos théoriciens l'avaient prédit, nous n'avons pas perdu espoir en eux.

La Révolution iranienne s'est révélée particulièrement éprouvante. Nous aimions le shah, et il nous aimait en retour. Mais c'était un tyran, et ses sujets voulaient avoir voix au chapitre. Faute de mieux connaître l'islam, nous n'arrivions pas à comprendre pourquoi tant d'Iraniens pensaient que des mollahs enturbannés pouvaient les diriger, et encore moins concevoir un régime démocratique. Les modernisateurs n'étaient-ils pas censés nous ressembler en tout ?

Puis est venu Oussama Ben Laden, et il a confirmé les théories, du moins de l'avis des experts convaincus que ses partisans et lui haïssent le monde moderne. Mais cela nous a laissés face à un tableau déroutant. Des militants religieux semblaient vouloir des élections et une certaine intégration au monde moderne. Ou était-ce bien cela ? D'autres semblaient haïr la civilisation occidentale et aspirer à la théocratie. Ou était-ce bien cela ?

L'islam, naguère méprisé par les théoriciens en tant que vestige du passé voué au déclin, est alors devenu une énigme, source de perplexité. Pouvions-nous leur faire confiance ? Pouvions-nous les aimer ? Pouvaient-ils nous aimer ? Le lendemain immédiat de la seconde guerre du Golfe a été un test. Ahmed Chalabi, ami élégant et prospère de l'administration américaine, était l'homme-en-marche typique. Mais les Irakiens, inexplicablement, ne semblaient pas s'intéresser à lui. Les mollahs chiites de Najaf, en revanche, avaient des milliers de partisans enthousiastes. Mais nous n'avions aucune idée de leurs vraies positions. Une fois de plus, notre incapacité à comprendre la dynamique séculaire de la théorie politique islamique brouillait notre regard.

Le problème est délicat, mais pas nouveau. Lors d'une conférence sur le XXIe siècle tenue au Japon en 1993, un éminent collègue de l'université Columbia, aux idées démocratiques irréprochables, a évoqué le coup d'État algérien de 1992 qui a interrompu des élections législatives que le Front islamique du salut (FIS) était sûr de remporter. Le putsch l'avait troublé sur le moment, a-t-il dit, mais, après réflexion, il avait conclu qu'il valait mieux arrêter les élections que de laisser accéder au pouvoir les hommes qui avaient assassiné Sadate. On lui a fait remarquer que l'Algérie n'était pas l'Égypte, et qu'il n'y avait pas de lien entre le Front islamique du salut et le groupe extrémiste et violent qui avait commis cet assassinat, mais ces objections ne l'ont pas détourné de son point de vue. Son opinion inaltérable était qu'entre les terroristes qui agissent au nom de l'islam et les partis politiques musulmans qui cherchent à participer au processus électoral, il n'y a aucune différence.

Mettre dans le même sac les religieux terroristes et les religieux démocrates est un procédé qui séduit de nombreux Américains. Mais même des spécialistes dont l'antipathie pour l'islam ne fait aucun doute ne semblent pas toujours sûrs de cet amalgame. Le *Special Policy Forum Report* du WINEP évoqué plus haut cite Daniel Pipes : « Les États-Unis peuvent promouvoir une version moderne, modérée, non agressive de l'islam, mais ils ne peuvent pas à eux seuls assurer la prépondérance de cette vision. Seuls des musulmans peuvent le faire. » Ce qui paraît vouloir dire que nous devrions chercher de *bons* musulmans à aimer. Sur quoi il enchaîne, dans une veine plus habituelle : « Un islamiste modéré, ça n'existe pas ; car tous les islamistes partagent les mêmes objectifs à long terme, ils ne diffèrent que sur les moyens[35]. »

Graham Fuller, collègue de commission de Pipes, chercheur indépendant et ex-analyste de la CIA, exprime ensuite un point de vue plus amical :

> L'islamisme n'est pas analogue au fascisme ou au communisme. C'est plutôt un cadre religieux, politique et culturel qui prend en charge les préoccupations des musulmans, et qui offre un substitut plus attrayant aux mouvements idéologiques arabes passés qui n'ont pas apporté ce dont les musulmans ordinaires ont besoin. Le phénomène islamiste est un résultat des tendances lourdes planétaires vers la modernisation, une réponse aux problèmes et aux aspirations du monde moderne. L'islamisme s'inscrit dans la lutte universelle pour donner sens à un monde perturbant, dans son cas en utilisant

la religion. [...] La démocratisation sera un processus de longue durée. [...] Les populations musulmanes sont tenues sous clé depuis des années, et quand les portes vont s'ouvrir ça va être tumultueux. Les islamistes vont gagner les premières élections, mais gagneront-ils les secondes ? S'ils ne donnent pas du concret une fois parvenus au pouvoir, ils échoueront[36].

Dans sa vision générale de l'islam, l'opinion américaine ne prête pas beaucoup d'attention aux querelles de spécialistes, dont celles qui s'expriment aux colloques divinatoires des cercles de réflexion. Pratiquement tous les Américains qui pensent frémissent à l'idée de voir des islamistes former des gouvernements, même à la suite d'élections libres. Mais ils n'ont en général qu'une vague idée de ce que veut dire au juste le mot « islamiste ». Les libéraux frémissent en raison de l'antilibéralisme qu'ils voient au cœur des mouvements islamiques. Les conservateurs frémissent en raison de l'antiaméricanisme qu'ils perçoivent dans ces mêmes mouvements. Les uns et les autres tiennent pour sacro-sainte la séparation de l'Église et de l'État, même s'ils ne savent pas grand-chose des relations entre la mosquée et l'État dans l'histoire musulmane.

L'idée d'un parti politique musulman effraie la plupart des Américains, même si des partis chrétiens démocrates ont formé des gouvernements dans plusieurs pays d'Europe. Dans notre propre pays, beaucoup de ceux qui veulent exclure l'islam de la politique soutiennent les activités politiques des organisations fondamentalistes chrétiennes aux États-Unis et/ou des partis religieux juifs en Israël. Ils déplorent parfois les positions politiques particulières de ces militants chrétiens et juifs, mais ils défendent invariablement leur droit à se présenter aux élections.

L'acceptation des politiques chrétienne et juive et le rejet de la politique musulmane ont-ils un fondement rationnel crédible ? Ou ce deux poids deux mesures ne recouvre-t-il qu'un préjugé antimusulman ? Et que dire des nombreux musulmans qui partagent l'antipathie américaine pour la politique islamique ? Les appeler des « hommes-en-marche » sonne archaïque. Mais la vision qu'a Daniel Pipes de ces musulmans anti-islamistes qui pourraient construire une « version moderne, modérée et amicale de l'islam » approuvée par l'Amérique est-elle vraiment différente ?

Une conversation que j'ai eue – ici un peu reconstruite – avec un étudiant marocain de deuxième cycle à l'université Columbia est représentative des défenses auxquelles je me suis heurté dans mes essais d'évaluation des attitudes musulmanes :

L'ÉTUDIANT : Monsieur le professeur, vous avez dit que vous considérez le coup d'État qui a empêché le FIS de gagner les élections législatives en Algérie comme une terrible erreur. Mais que répondez-vous à l'objection bien connue : s'ils avaient gagné, cela aurait été « un homme, une voix, une fois » ? Et n'auraient-ils pas restreint la liberté des Algériennes ?

LE PROFESSEUR : Commençons par l'accusation « un homme, une voix, une fois ». Dans tout pays qui organise des élections libres, en particulier si c'est la première fois, il est évident qu'il n'y a pas moyen de savoir si les vainqueurs des élections abandonneront le pouvoir à la fin de leur mandat. De fait, il existe de nombreux cas de présidents et de partis qui ne l'ont pas fait. « Un homme, une voix, une fois » a été la triste histoire de nombreux pays d'Afrique et d'Amérique latine. Au Moyen-Orient, les élections en Syrie, en Irak, en Tunisie, en Égypte et, pendant longtemps, en Turquie ne servaient qu'à perpétuer la mainmise du parti unique. Ce n'est pas seulement un problème des pays non européens. Pensez à Louis Napoléon, à Adolf Hitler, à divers régimes communistes d'après guerre en Europe de l'Est. D'ailleurs, dans l'histoire américaine, certains ont eu peur que George Washington, comme Mustafa Kemal Atatürk ou Gamal Abdel Nasser, n'abandonne jamais la présidence une fois élu. Néanmoins, personne n'interdit aux auteurs les plus notoires de ces abus – les généraux et les chefs de partis nationalistes – de se présenter aux élections. Pourquoi ? Parce qu'on postule que le risque de voir un gouvernement élu se retourner plus tard contre le processus électoral vaut la peine d'être couru pour établir la démocratie. Donc, pourquoi les partis islamistes sont-ils particulièrement suspects ? Il n'y a aucun précédent historique pour leur assigner ce type de motivation sinistre.

L'ÉTUDIANT : Mais ne disent-ils pas qu'ils veulent créer une république islamique et monopoliser le pouvoir ?

LE PROFESSEUR : Ils le disent parfois, mais plusieurs partis communistes ont, eux aussi, aspiré à instaurer des régimes totalement communistes. Dans certains pays, en raison de cette aspiration, on a refusé aux communistes le droit de se présenter aux élections. Mais, dans certains pays où des partis communistes ont gagné des élections, comme l'Inde, ils n'ont jamais créé de régimes totalitaires, ni refusé de céder le pouvoir quand ils ont perdu les élections suivantes. Aux États-Unis, si nous n'interdisons pas aux communistes de se présenter aux élections, l'élu doit jurer de défendre la Constitution pour pouvoir exercer son mandat.

L'ÉTUDIANT : Mais prenons le cas de l'Iran. Les partis qui ne sont pas pour une république islamique sont exclus des élections, et tous les candidats doivent être approuvés par un comité de mollahs. Si le FIS avait gagné les élections, il aurait fait comme les Iraniens et créé une république islamique en Algérie.

LE PROFESSEUR : Ce que vous dites de l'Iran est sûrement vrai, mais la République islamique d'Iran n'a pas été instaurée par la victoire électorale d'un parti islamique sur des adversaires non islamistes. Elle l'a été par une révolution suivie d'un référendum constitutionnel. Il ne faut pas confondre les élections ordinaires et les référendums constitutionnels. Si le FIS avait gagné en Algérie, peut-être aurait-il cherché, effectivement, à y établir une république islamique. Deux stratégies possibles viennent à l'esprit : un coup d'État militaire, difficilement envisageable avec la puissance des laïques dans la hiérarchie de l'armée ; ou la promulgation d'une nouvelle Constitution, qui était possible mais aurait exigé une majorité parlementaire massive. Peut-être le peuple algérien aurait-il ensuite majoritairement voté pour une république islamique, mais s'il l'avait fait, et si les militaires avaient permis que sa décision soit appliquée, sur quelle base, pour quel motif démocratique pouvons-nous dire, vous ou moi, qu'il aurait fallu refuser aux Algériens le droit de choisir cette forme de gouvernement ?

L'ÉTUDIANT : Pour le motif qu'une république islamique aurait refusé aux points de vue minoritaires toute possibilité de s'exprimer dans les institutions politiques, et qu'elle aurait opprimé le peuple, en particulier les femmes, en les forçant à se plier à des règles religieuses.

LE PROFESSEUR : Ce que vous dites est possible, mais pas nécessairement certain. Une république islamique peut prendre des formes constitutionnelles différentes. En Iran, la Constitution garantit la représentation parlementaire de certaines minorités religieuses, mais autorise l'oppression des *baha'is*, qui ne sont pas reconnus comme religion indépendante. Les femmes votent et peuvent se présenter aux élections, mais elles subissent des restrictions sur leur comportement public. Il y a de graves imperfections, et certaines raniment la vieille peur de voir une majorité électorale abolir les droits de la minorité. Mais ce n'est pas un problème propre à l'islam. Les auteurs de la Constitution américaine, par exemple, à la différence des grands partis islamistes dans l'ensemble du monde musulman aujourd'hui, n'ont inséré aucun article donnant le droit de vote aux femmes, ni interdit l'esclavage des Africains. Leur démocratie n'était pas pour tout le monde. De plus, on peut se demander si, en 1790, un royaliste aurait pu se présenter aux élections aux États-Unis en préconisant dans son programme la restauration de la domination britannique. Plus récemment, il est évident que la Turquie a fait autant d'efforts pour refuser à son électorat la possibilité d'élire des religieux que l'Iran pour empêcher les royalistes et les laïques de se porter candidats.

L'ÉTUDIANT : C'est peut-être vrai, mais il est clair qu'il y a une différence. La politique turque procède du désir de séparation de l'Église et de l'État, qui est au cœur de la démocratie, alors que les Iraniens imposent la religion à tout le monde, bon gré, mal gré.

LE PROFESSEUR : La séparation de l'Église et de l'État est assurément devenue un principe important de la démocratie européenne et américaine. Mais ce n'était pas, à l'origine, une pierre angulaire de la Constitution américaine. L'interdiction de toute législation établissant une religion officielle apparaît dans le premier amendement, adopté deux ans après la Constitution, et il ne s'applique qu'au pouvoir fédéral jusqu'en 1868, date à laquelle le quatorzième amendement a étendu aux États fédérés les principes de la Déclaration des droits. Gouverneur territorial de l'Utah reconnu par l'État fédéral de 1850 à 1857, Brigham Young n'a sûrement pas changé d'idées sur le rôle dominant de la religion dans la vie publique. Quant à la façon dont les Américains comprenaient la clause de la « religion établie », l'interprétation a changé au fil des deux derniers siècles, avec les progrès de la laïcisation des États-Unis. Pourtant, la tempête de protestations qui a suivi l'arrêt d'une cour fédérale ordonnant de supprimer les mots « sous Dieu » du serment d'allégeance atteste la persistance des objections de nombreux croyants aux efforts les plus rigoureux pour mettre en œuvre la séparation.

L'ÉTUDIANT : Nous ne parlons pas ici du serment d'allégeance et de la prière à l'école. L'islam, ce n'est pas comme le catholicisme et le protestantisme aux États-Unis. L'islam domine la vision du monde des populations du Moyen-Orient depuis tant de siècles que lui permettre de jouer un rôle dans l'État conduira inévitablement à l'instauration d'un État religieux et à la fin de la démocratie.

LE PROFESSEUR : On pourrait en dire autant de l'emprise que le christianisme du XVIIIᵉ siècle avait sur le sentiment populaire à l'aube du régime démocratique en Europe et en Amérique. Les démocrates de la Révolution française ont tenté d'extirper l'influence de l'Église dans tous les domaines. Leur anticléricalisme a servi de modèle aux gouvernements moyen-orientaux engagés sur la voie de l'européanisation aux XIXᵉ et XXᵉ siècles. En revanche, les démocrates américains ont érigé un mur infranchissable entre l'Église et l'État, mais ont conservé la tradition d'exemption fiscale des institutions religieuses et n'ont rien fait pour réduire leurs activités sociales et pédagogiques. Suivant une troisième voie, les démocrates anglais (tant qu'ils n'étaient pas catholiques) ne voyaient rien de mal à ce que l'Église anglicane soit la religion officielle du pays – précisément le type de relation entre l'Église et l'État que la Déclaration des droits américaine interdit explicitement. En Israël, enfin, des partis politiques religieux jouent de leur influence à la Knesset pour obtenir des aides substantielles de l'État à leurs pieux partisans. Historiquement, donc, la démocratie ne s'est pas toujours accompagnée d'une séparation de l'Église et de l'État à l'américaine. Mais, en général, l'attachement à la religion comme pilier de l'État semble bel et bien diminuer après une exposition prolongée aux pratiques démocratiques. Les laïques peuvent raisonnablement espérer que l'institution de régimes démocratiques dans les pays musulmans conduira, avec le temps, à une culture politique largement laïque. Mais il est naïf de penser, comme l'ont fait les bolcheviks, que l'on peut couper rapidement un peuple de ses racines religieuses par décret de l'État, notamment si le gouvernement qui a publié ce décret doit affronter des élections.

L'ÉTUDIANT : Ce que vous dites, alors, c'est que quand on est pour la démocratie on doit accepter tout ce qu'elle apporte, même si c'est l'exil pour les citoyens laïques et le voile obligatoire pour les femmes. La dictature religieuse n'est pas un problème tant qu'elle est soutenue par la majorité des électeurs, dont beaucoup sont peu instruits et sous la coupe de chefs religieux et de démagogues.

LE PROFESSEUR : Les choses ne sont pas forcément aussi atroces que vous les présentez. Tout régime démocratique a une Constitution écrite ou non écrite, et les

Constitutions fixent des limites à l'action du gouvernement. Les responsables prêtent serment de défendre la constitution, et il y a généralement une autorité judiciaire suprême qui décide de ce qui est ou n'est pas conforme à la Constitution. La rédaction d'une Constitution est une étape cruciale dans la transition d'un État autoritaire à un État démocratique. Qu'il s'agisse d'instituer une république islamique, une république laïque, une république pluraliste ou une monarchie constitutionnelle, les rédacteurs de la Constitution doivent décider où sera la sanction ultime de la légitimité. Une monarchie peut faire du souverain l'arbitre ultime, mais de nombreux monarques constitutionnels n'ont aucun pouvoir. Une république islamique peut insérer dans la structure gouvernementale un comité ou un individu – dans le cas de l'Iran, les deux – chargés de garantir que les actes du gouvernement ne violent pas d'interdits religieux. Ce n'est pas le cas, toutefois, au Pakistan, qui se nomme république islamique, mais où, constitutionnellement, la légitimité ultime repose sur une présidence forte et une cour suprême. Dans d'autres modèles – notamment la Turquie et l'Algérie –, l'armée garantit la Constitution, même si la structure de cette garantie n'est pas formulée explicitement.

L'ÉTUDIANT : Mais les Constitutions peuvent changer – et elles changeront si les islamistes arrivent au pouvoir.

LE PROFESSEUR : Elles peuvent changer, en effet. Mais les changements sont en général difficiles à négocier et exigent un vote populaire. Je ne crois pas qu'un seul des rédacteurs de la Constitution des États-Unis ait imaginé qu'un jour viendrait où une supermajorité des États accepterait d'accorder le droit de vote aux femmes. Une prohibition constitutionnelle du transport, de la vente et de la fabrication des boissons alcoolisées les aurait aussi frappés de stupeur. Le premier amendement cité, adopté en 1920, nous apparaît à présent comme l'une des bases essentielles de la démocratie américaine. Le second, adopté en 1919, est aujourd'hui à nos yeux une anomalie de style taliban imposée par le fanatisme protestant. Les Constitutions ne peuvent pas protéger absolument un peuple contre les excès que soutient la majorité de l'électorat. Mais elles peuvent ralentir et compliquer le processus d'institution de ces excès, forçant ainsi les électeurs à se demander deux fois, trois fois, s'ils veulent vraiment tel changement particulier.

L'ÉTUDIANT : Je remarque que vous avez esquivé la question de l'oppression des femmes. Elles sont la moitié de la population. Ne pensez-vous pas que les entraver par des dispositions civiles handicapantes est un mal moral absolu ?

LE PROFESSEUR : Oui, je le pense. Je ne peux pas imaginer qu'une Constitution écrite aujourd'hui, à notre époque, pourrait être qualifiée de démocratique si elle refusait le droit de vote aux femmes ou entérinait l'esclavage. C'est pourquoi mon optimisme sur les potentialités du militantisme politique musulman ne s'étend pas aux mouvements qui préconisent une autocratie islamique affranchie de toute institution électorale, que le monarque s'appelle émir, roi ou calife. La plupart des mouvements politiques musulmans soutiennent le système électoral et le droit de vote des femmes. Certains, comme les talibans et les fanatiques regroupés autour d'Oussama Ben Laden, ne le font pas. Mais reconnaître aux femmes le droit de vote, ce n'est pas les affranchir des interdits sociaux. Les pratiques sociales ne changent pas du jour au lendemain, et l'adhésion aux mœurs européennes ou américaines n'est pas le meilleur critère pour évaluer le statut des femmes. Le droit de vote, l'accès à l'emploi et l'égalité dans le mariage, le divorce et la garde des enfants me paraissent plus prioritaires que les réglementations vestimentaires. Certaines femmes que je connais ne sont pas d'accord, et me disent que je ne comprends pas le caractère symbolique des restrictions vestimentaires. N'étant pas immergé dans un milieu culturel musulman, j'en laisserai juges ceux qui le sont. Mais voilà qui me paraît typique de l'arrogance morale américaine : après un siècle d'efforts missionnaires pour persuader les femmes des pays non européens de couvrir leurs seins — fascination morbide qui se perpétue encore dans les prohibitions locales des plages « seins nus » —, les Américains consacrent aujourd'hui un zèle équivalent à presser les musulmanes de montrer leurs cheveux.

L'ÉTUDIANT : Je suis stupéfait que vous banalisiez ainsi un problème d'une telle portée.

LE PROFESSEUR : Je ne veux pas le banaliser. Je faisais simplement remarquer que les idées des Américains sur les questions de rapports hommes/femmes dans le monde musulman sont moins importantes que celles des musulmans. Si elles peuvent participer aux élections, les femmes musulmanes livreront elles-mêmes leur combat.

L'ÉTUDIANT : Peut-être ; mais, globalement, je ne suis pas convaincu par vos multiples arguments. Je ne dis pas que je n'accepterai jamais de vivre dans un État islamiste, ou qu'il faut empêcher les islamistes d'arriver au pouvoir. Mais je crois vraiment qu'il doit y avoir une autorité de contrôle — l'armée, ou peut-être le pouvoir judiciaire — qui interviendra si les islamistes essaient de supprimer les élections, de changer fondamentalement la constitution ou d'introduire des mesures auxquelles une grande partie de la population est opposée.

J'ai participé à des variantes de cette conversation des centaines de fois, mais je ne crois pas avoir jamais réellement convaincu mon interlocuteur. L'islam politique suscite une méfiance très profonde. Comme je suis tout à fait persuadé de la justesse de ma position, sa faiblesse en tant que thèse dans un débat m'inquiète.

Les événements politiques sont jugés très différemment dès qu'il s'agit de l'islam. Si Mohammed Reza Shah Pahlavi était sorti vainqueur de son affrontement avec l'ayatollah Khomeyni en 1979, il aurait peut-être opéré une transition vers une monarchie constitutionnelle et institué des réformes électorales plus ou moins identiques à celles qui existent aujourd'hui, mais où il aurait lui-même joué le rôle du Guide actuel (le *Vali Faqih*, « juriste gouvernant »), avec un conseil nommé par le monarque à la place du Conseil des gardiens de la révolution dominé par les mollahs. Si cela s'était produit, l'Iran serait incontestablement considéré aujourd'hui comme un pays démocratique et progressiste – même si, pour apaiser l'opposition cléricale, le shah avait réglementé la tenue vestimentaire des femmes, tenu des propos hostiles aux États-Unis et à Israël, cherché à se doter de l'arme nucléaire et effrayé ses voisins. À l'inverse, même des islamistes modérés, facilement élus et politiquement habiles comme Recep Erdogan en Turquie, donnent de l'urticaire aux allergiques à l'islam. Daniel Pipes, par exemple, se risque à dire que « le Parti de la justice et du développement en Turquie est très différent des talibans par ses moyens, mais pas si éloigné d'eux par ses fins. Si ce parti obtenait un contrôle total sur la Turquie, il pourrait être aussi dangereux que les talibans en Afghanistan[37] ».

Tant qu'on n'aura pas fondamentalement reconsidéré le sens qu'a eu l'islam en tant que force politique depuis un millénaire et demi et la vieille relation entre frères qui le lie à l'Occident, le mot « islam » continuera à résonner aux oreilles occidentales comme la crécelle d'un serpent à sonnette. Un demi-siècle d'efforts scientifiques, succédant à un siècle entier de tentatives missionnaires pour trouver ou imaginer des musulmans que les Américains pourraient aimer, n'offre qu'une base bien fragile au type de réévaluation nécessaire. Mais, si cette réévaluation n'a pas lieu, l'avenir des relations entre les États-Unis et le monde musulman sera difficile et imprévisible, hanté par les espoirs gâchés et les occasions perdues.

Chapitre 4

AU BORD DE L'AVENIR

Les voix qui énonceront les idées centrales de la prochaine grande phase de l'histoire islamique n'ont probablement pas encore retenti.

L'islam est en pleine crise d'autorité. De la pratique de la natation mixte et de la musique rock à la condamnation de Salman Rushdie et à la déclaration d'un *djihad* contre les juifs et les croisés, il y a plusieurs positions différentes sur toutes les questions. Si chaque point de vue correspondait à une autorité particulière, les croyants pourraient faire leurs choix. Mais qu'est-ce qui constitue une autorité ? C'est cela, justement, qui n'est plus clair. Pour beaucoup, le dernier mot revient à l'imam de la mosquée locale, mais d'autres suivent des avis qu'ils glanent dans des brochures, des revues, des émissions de radio et des sites Internet. Pour chaque musulman qui suit les préceptes d'un dignitaire nommé par l'État, il y en a un autre qui considère tous les dignitaires comme des suppôts du régime. Les gourous des organisations disent à leurs fidèles ce qu'il faut penser, tandis que certains intellectuels en vue fustigent toutes les sectes et organisations.

Résoudre cette crise d'autorité prendra plusieurs générations. L'histoire de la fragmentation et du scissionnisme religieux dans l'Occident chrétien donne certains indices sur la façon dont les choses pourraient tourner dans cette communauté confessionnelle sœur qu'est l'islam, mais l'analogie a ses limites. Trente années où l'on a pensé que l'islam ne comptait plus guère, suivies par vingt autres, à la limite de l'hystérie, où l'on voit en lui une menace imminente, ont mal préparé l'Amérique à envisager sans passion l'avenir de la civilisation islamo-chrétienne.

Une tradition musulmane soutient qu'à chaque nouveau siècle apparaît un « rénovateur » (*mujaddid*), littéralement une personne qui a mission de « remettre à neuf » la vie religieuse islamique. Le rôle du rénovateur diffère de celui du Messie (*mahdi*), qui ne vient qu'à la fin du monde. Cette tradition prouve que les musulmans croient fermement leur foi capable de se restaurer elle-même après des périodes de désunion ou d'abattement, et de s'adapter aux défis qu'apporte inévitablement le passage des siècles. Quant à savoir qui est le rénovateur d'un siècle précis, c'est en général un point très contesté, sur lequel on ne tombera d'accord que longtemps après la mort du personnage – et encore.

Certains spécialistes occidentaux semblent croire qu'une carrière passée à réfléchir aux problèmes de l'islam leur confère la perspicacité nécessaire pour reconnaître le rénovateur. Quelques-uns peuvent même rêver de rédiger sous un nom de plume musulman une œuvre d'une indicible splendeur et de revendiquer le titre pour eux-mêmes. Le poète et voyageur britannique Wilfred Scawen Blunt a peut-être cru avoir trouvé le rénovateur quand il a écrit *The Future of Islam*, où il exposait les idées modernistes de l'Égyptien Muhammad Abduh. Ce livre a été publié en 1882, exactement à la charnière du XIVe siècle musulman, qui commençait l'année suivante.

Traditionnellement, le début d'un nouveau siècle est propice à l'apparition du rénovateur. Plus intéressant pour nous, le passage au XVe siècle en 1980 – le siècle lunaire musulman est plus court de trois ans que le siècle solaire – a apporté non seulement la révolution islamique en Iran, mais le sentiment très vif, chez les musulmans comme chez les non-musulmans, que quelque chose de nouveau et de titanesque était en gestation. Depuis, des dizaines d'auteurs ont soutenu que l'islam a besoin d'une Réforme, ou plus précisément d'un Martin Luther, le rénovateur chrétien par excellence.

La communauté scientifique a organisé sa recherche des rénovateurs, rédempteurs et messies avec un sens cartésien de l'idée distincte. Depuis deux décennies, on voit proliférer comme des champignons les contributions de colloques et les savants articles qui procèdent à l'observation de la scène religieuse musulmane contemporaine, puis divisent les phénomènes observés en catégories analytiques. Pour les universitaires, concevoir des catégories est une seconde nature. Les auteurs se sentent en général tout à fait libres d'élaborer leur typologie personnelle et de classer tel penseur ou mouvement particulier comme moderniste, fondamentaliste, djihadiste, conservateur, radical, modéré, islamiste, traditionnel, militant, quiétiste, rationaliste, obscurantiste, libéral, démocrate, totalitaire, et j'en passe... Puisque les catégories sont effectivement utiles à l'analyse, ces efforts ne sont pas à dénigrer. Néanmoins, les musulmans ainsi classés emploient rarement ce type de grille en parlant d'eux-mêmes. Puisqu'ils veulent amener leurs frères et sœurs à mieux vivre leur foi commune, ils tiennent la plupart du temps un discours d'inclusion, qui laisse la réalité des catégories proposées dans les limbes.

Je ne chercherai ici ni à identifier le rénovateur ni à classer les penseurs et les mouvements musulmans. Malgré l'urgence de trouver une issue à la crise d'autorité dans l'islam, je ne vois aucune raison de penser qu'elle sera résolue de mon vivant. Les changements socioreligieux prennent en général des décennies, voire des siècles, parce qu'ils supposent que plusieurs générations successives se socialisent dans le cadre de nouvelles attentes et d'un nouveau contexte religieux. Beaucoup de mes étudiants m'ont entendu diviser l'ensemble de l'histoire islamique en périodes de quatre cents ans : 600-1000, l'ère initiale de la conversion à l'islam ; 1000-1400, l'ère du conflit au sein de l'islam sur le type de conception de la religion à privilégier dans les diverses communautés musulmanes ; 1400-1800, l'ère de la résistance à l'expansion chrétienne et des États stables, fondés sur des sociétés qui avaient résolu le problème des conceptions rivales ; et 1800-2200, l'ère de la destruction des diverses synthèses sociales musulmanes au cours d'une confrontation avec l'Occident, et de la création de nouvelles synthèses socioreligieuses propres au monde moderne. Si ma périodisation – simpliste et en partie facétieuse, je l'admets – se termine dans deux siècles, c'est pour faire comprendre que la crise qui secoue le monde musulman, et l'Occident dans ses relations avec lui, risque fort de ne pas être résolue dans les dix ou vingt prochaines années, et encore moins dans celles qui restent à l'administration Bush. *Les voix qui énonceront les idées centrales de la prochaine grande phase de l'histoire islamique n'ont probablement pas encore retenti.*

Puisque je ne suis pas musulman, cela me gênerait de passer en revue la multitude de tendances et d'idées qui rivalisent aujourd'hui pour retenir l'attention et de mettre en avant celles qui me paraissent séduisantes ou répugnantes. Mais j'ai mes préférences. J'aime les conceptions de l'islam qui comprennent un attachement au mode de gouvernement participatif ; je déplore celles qui préconisent le terrorisme.

En exprimant ces préférences, je ne prétends nullement jouer les voyants et prédire comment des centaines
de millions de musulmans vont choisir de vivre leur vie
au XXIᵉ siècle, mais je n'ai jamais été d'accord avec la
timidité de mes collègues historiens qui évitent absolument d'envisager l'avenir. Je pense que les historiens
sont au moins aussi bien préparés à penser le futur que
les politologues ou les sociologues. Mieux, en fait. Le
métier d'historien forme ceux qui l'exercent à rassembler
des vestiges fragmentaires pour constituer des représen-
tations crédibles de lointaines époques du passé. L'avenir a en commun avec le passé lointain d'être extérieur
à l'expérience présente. Pourquoi la compétence profes-
sionnelle de l'historien ne serait-elle pas utile aussi pour
rassembler de petites données parcellaires afin de proje-
ter une image plausible des réalités futures ? Je répartirai
mes prédictions en deux catégories : le bord et l'avenir.

LE BORD

Mon livre *Islam : the View from the Edge*, publié en
1994 [1], porte essentiellement sur l'islam médiéval. Mais
la méthode que j'ai employée dans cet ouvrage pour
comprendre l'histoire islamique peut s'appliquer à l'actualité. Je me suis concentré sur le vécu de ceux qui se
trouvaient dans les situations que j'ai appelées *the edge*,
« le bord » – c'est-à-dire qui étaient en train de devenir
musulmans par la conversion, ou de reprendre contact
avec les racines de leur foi par une sorte de renouveau
spirituel. J'ai appelé ces situations sociales le « bord »
de l'islam pour trois raisons. D'abord, je voulais distin-
guer ceux qui les vivaient de ceux qui se trouvaient au
« centre », terme que j'ai utilisé pour désigner ce que
les historiens considèrent traditionnellement comme le
noyau politique et religieux de l'histoire musulmane : le

Califat et ses États successeurs ; les empires postmongols des Ottomans, des Safavides et des Moghols ; l'élaboration de la loi islamique ; et les problèmes intellectuels nés de la confrontation médiévale avec les idées aristotéliciennes. Ensuite, je voulais éviter les mots « périphérie » et « marge », parce que les lecteurs les comprennent souvent en termes purement géographiques et considèrent instinctivement que le « centre » est plus important. Enfin, des termes comme *edgy*, « nerveux, angoissé », et *cutting edge*, « à la pointe », s'harmonisaient bien avec ma thèse, selon laquelle, dans l'islam, c'est au bord, et non au centre, qu'est apparu le nouveau. Hélas, plusieurs critiques ont pris mon terme de « bord » au sens de périphérie géographique, et même de provincialisme. Je dois donc reformuler mon raisonnement.

Puisqu'il n'existe pas de hiérarchie ecclésiastique, les récits de l'histoire islamique se concentrent sur les institutions politiques : d'abord le Califat, puis une pléthore d'États successeurs, chacun dûment muni de ses juges, jurisconsultes et inspecteurs du marché, comme le prescrit la *shari'a*. Mais ces institutions politiques étaient rarement capables de guider spirituellement. Depuis la mort du Prophète, les musulmans qui voulaient savoir ce qu'on attendait d'eux sur le plan religieux ne se tournaient pas vers l'État. Ils suivaient les pratiques de leur communauté locale telles qu'elles s'étaient transmises de génération en génération, par écrit ou oralement. Ou alors ils allaient chercher des instructions pastorales auprès d'érudits versés en religion et de saints personnages. Ceux-ci pouvaient être des dignitaires de l'État, mais en général ils ne l'étaient pas. Quelles que soient l'époque et la région, les institutions politiques dominantes se sont, pour la plupart, désintéressées de ces sources d'orientation spirituelle et n'ont pas cherché à les contrôler.

Pour les musulmans comme pour les fidèles de toutes les religions, observer à l'âge adulte les rites qu'ils ont connus enfant est une source puissante d'identité et de consolation. Mais la coutume locale n'offre aucune orientation claire à ceux qui envisagent de changer d'identité religieuse, que ce soit en embrassant une autre variante de leur foi ancestrale ou en se convertissant à une autre religion. Elle n'aide pas non plus ceux qui jugent leur communauté trop peu engagée dans la foi et qui cherchent une expérience religieuse plus intense, ou, à l'inverse, qui souhaitent, plus ou moins, un mode de vie non religieux. Dans toutes ces manifestations du « bord », on se demande comment on doit se comporter et ce qu'il faut croire.

Les situations du bord ont des parallèles dans les autres religions, mais elles ont fait preuve d'une créativité exceptionnelle dans l'histoire de l'islam, parce que la nécessité de répondre aux questions posées par ceux qui s'apprêtent à se convertir, et par les musulmans en proie à des dilemmes spirituels, met à nu les ambiguïtés fondamentales sur les sources de l'autorité spirituelle. Les musulmans attachés aux croyances et aux pratiques du centre ont moins d'incertitudes dans ce domaine. Le Coran, le *hadith* (les récits de paroles et d'actes de Mahomet, dont on avait fait la collecte), la *shariʿa* et le consensus des musulmans instruits sur les questions spirituelles disent clairement, à leurs yeux, ce que c'est qu'être musulman. Mais, sur les bords de l'islam, cette clarté a souvent fait défaut, parfois parce qu'il y avait confrontation avec des traditions locales non musulmanes, parfois parce que des prédicateurs sûrs de leurs idées pensaient autrement que le centre.

Les zones de confrontation interculturelle et la prédication hors norme d'individus charismatiques posent des problèmes à toutes les religions, bien sûr, mais la présence de structures ecclésiastiques officielles suffit en général à les réduire au minimum. Quand ces structures n'existent pas, les problèmes surgissent au grand jour. Qui a autorité pour répondre aux questions posées par les croyants ? L'idée même de « réponse autorisée » a-t-elle un sens dans les contextes du bord ? Qu'est-ce qui détermine la légitimité des prédicateurs charismatiques ?

En attirant l'attention sur « le bord » dans l'islam, je ne prétends nullement que le bord distingue l'islam des autres religions. J'entends seulement souligner que, comparativement, ce qui se passe « au bord » a plus de force potentielle quand l'autorité religieuse est peu institutionnalisée. Dans l'islam, le centre a horreur de l'innovation (bid'a) en matière de foi et de pratique religieuse, et ne se prive pas de le dire. Cette attitude contribue fortement à l'impression, largement partagée, selon laquelle l'islam est une religion qui ne change pas. La vitalité des communautés du bord de l'islam s'est épanouie en défiant ouvertement cette répulsion rhétorique, et a engendré, sous le nom d'islam, une remarquable diversité. L'affrontement entre le conservatisme du centre et la créativité du bord va sûrement se poursuivre à l'avenir, dans le cadre du déroulement et de l'issue de la crise d'autorité en cours.

La diversité existe dans toutes les traditions religieuses, mais elle a été particulièrement prononcée dans l'islam. Ce qui ne veut pas dire, toutefois, qu'à titre individuel les musulmans voient nécessairement leur foi comme très diversifiée. Bien au contraire, l'incertitude sur ce qui fait autorité peut inciter à l'adhésion tenace aux rites et croyances que des communautés particulières considèrent comme la version la plus authentique de l'islam. Après tout, quand il n'y a pas d'Église pour être gardienne de la foi, n'est-ce pas à chaque croyant d'assumer individuellement ce rôle ?

Dans le passé, en raison du manque de contacts entre l'islam des tribunaux religieux et des séminaires et les communautés « du bord » dans diverses régions, certaines d'entre elles se sont vouées fermement à des interprétations de l'islam qui s'écartaient considérablement de la norme juridiste. Certaines expressions profondément sincères de la foi musulmane paraissent même scandaleuses à d'autres musulmans quand ils en entendent parler. On peut en trouver des illustrations dans de nombreuses régions et périodes, mais je retiendrai deux exemples extrêmes, venus d'Inde et d'Indonésie.

Dans le Bihar, État de l'Inde du Nord, Mir Sayyid Rajgiri, connu sous le nom de Manjhan, a composé en 1545 une longue romance poétique qu'il a intitulée le *Madhumalati*. Manjhan appartenait à la confrérie soufie des Shattaris, organisation de dévotion incontestablement musulmane. Son histoire d'amour traite métaphoriquement de l'amour des soufis pour Dieu. Le poème commence ainsi :

> Dieu, donneur d'amour, trésor de joie,
> Créateur des deux mondes dans l'unique son Om,
> mon esprit n'a aucune lumière digne de toi,
> avec laquelle chanter tes louanges, Ô seigneur !
> Roi des trois mondes et des quatre âges,
> Le monde te glorifie du début à la fin...
> Écoute maintenant quand je parle de l'homme :
> séparé de lui, le Créateur s'est manifesté.
> Quand le Seigneur a pris chair, il est entré dans la création.
> L'univers entier est de Son Essence.
> Son éclat a brillé à travers toute chose.
> Cette lampe de la création a été nommée Mahomet !
> Pour lui, la Divinité a modelé l'univers,
> Et la trompette d'amour a sonné dans les triples mondes.
> Son nom est Mahomet, roi des trois mondes.
> Il a été l'inspiration de la création[2].

Tout connaisseur de l'hindouisme aura immédiatement reconnu nombre des doctrines religieuses que contiennent ces vers. La syllabe Om qui crée le cosmos, les trois mondes et les quatre âges, la présentation de Mahomet comme incarnation divine ont des correspondants directs dans la pensée hindouiste et pas le moindre équivalent dans la plupart des autres versions de l'islam. De toute évidence, la communauté musulmane d'Inde du Nord comprenait beaucoup de gens qui se considéraient comme musulmans tout en conservant leurs croyances antérieures[3]. C'était l'islam du bord : passionné, créatif, adaptatif et attrayant.

La région de Gayo, zone montagneuse du nord de l'île de Sumatra, en Indonésie, offre un second exemple. Décrit dans une pénétrante étude de l'anthropologue John R. Bowen[4], un spécialiste local du rituel, qu'on appelle le Seigneur des Champs, a mission de négocier une bonne récolte avec les esprits, les ancêtres et les fléaux qui affectent les plants de riz pendant leur croissance. Les oulémas, l'élite des lettrés musulmans, déplorent les rites du Seigneur des Champs, mais sans les contester ouvertement. De son côté, le Seigneur des Champs aligne ses rites sur l'islam en récitant des « versets coraniques » – qui sont en réalité des incantations dans la langue locale, l'acehnais, introduites par la formule arabe « Au nom de Dieu ». Il explique le lien spirituel entre le riz et l'islam au moyen du mythe suivant :

> Le prophète Adam et Ève ont eu une fille, Tuan [Dame] Fatima. Ils se nourrissaient de feuilles d'arbre et mangeaient rarement à leur faim. Tuan Fatima voulait épouser le prophète Mahomet. Elle lui a parlé mais sans le toucher, sans rapport physique – il y avait une barrière entre eux ; il l'avait vue mais pas encore épousée. Néanmoins, par ce simple contact, il y a eu entre eux une étincelle et elle a été enceinte de ses œuvres, sans rapport physique. Elle a eu une fille, Maimunah.

Dieu a fait savoir à Mahomet, en lui envoyant un ange, qu'il devait égorger l'enfant, la couper en petits morceaux (à la manière d'un jaque, mais inutile de l'écrire), et disperser ceux-ci dans le champ. Les morceaux sont devenus des semences de riz, qui en poussant sont devenus des plants de riz.

Adam a demandé à Fatima où était sa fille. Elle a répondu qu'elle ne savait pas. Adam a répliqué que Mahomet était le père de l'enfant et qu'il l'avait dispersée dans le champ. Ève a dit que Fatima avait sûrement couché avec Mahomet et qu'elle devait l'épouser. Fatima a juré qu'elle ne l'avait pas fait, qu'ils avaient seulement parlé, avec une barrière entre eux. Alors Jibra'il, Mika'il, Abu Bakr, Uthman, Ali et Shi'a sont tous descendus du ciel et ont marié les deux (Shi'a siège immédiatement à la gauche de Dieu). Mahomet n'a pas refusé.

Mahomet a alors emmené Fatima dans le champ et lui a montré le riz, et Fatima a appelé sa fille par son nom. Maimunah lui a répondu : « Ne me cherche plus, mère, je suis devenue votre moyen de vivre[5]. »

Cette histoire horrifierait l'écrasante majorité des musulmans. Rien n'est condamné aussi énergiquement et explicitement dans le Coran que l'infanticide des filles, et l'allusion à des rapports incestueux entre Fatima et Mahomet, qui historiquement était son père, est moralement épouvantable. On peut aussi sentir des influences chrétiennes, hindouistes et bouddhistes dans ce récit. Le sacrifice de l'enfant né d'une vierge pour le bien-être de l'humanité entière a une résonance chrétienne. La descente d'êtres célestes fait penser à l'hindouisme ou au bouddhisme, bien que les deux premiers portent les noms arabes des anges, que les trois suivants évoquent le souvenir des premiers califes, dont le mari historique de Fatima, Ali, et que le dernier soit une personnification du chiisme, rameau de l'islam qui n'a pas beaucoup de fidèles en Indonésie. Mais, malgré ce syncrétisme religieux, il est hors de doute que le Seigneur des Champs qui a raconté le mythe à Bowen se considérait comme un musulman, et qu'il était considéré comme tel par les paysans de son village.

Les exemples que j'ai choisis sont des versions de l'islam qui s'éloignent radicalement de ce que la plupart des gens, musulmans ou non, considèrent comme les idées de l'islam. Ces écarts spectaculaires par rapport à la norme imaginée paraissent extravagants, pour ne pas dire parfaitement scandaleux, à la plupart des musulmans. Mais ils ne sont pas rares dans certaines régions du monde islamique, et ils étaient probablement encore plus courants avant les progrès de l'alphabétisation et des médias modernes. Leur point commun, souvent, c'est qu'ils sont apparus « au bord ». Dans les cas de l'Inde du Nord-Est au XVIe siècle et de Sumatra plus récemment, ce « bord » se situait aussi à la périphérie géographique, mais cela ne signifie pas que des expressions divergentes de l'islam soient introuvables dans les vieux territoires centraux du monde islamique, le Moyen-Orient et l'Afrique du Nord. Les druzes du Liban, les alévis de Turquie et les alaouites de Syrie, par exemple, professent des doctrines que beaucoup de leurs voisins musulmans estiment non conventionnelles. Il se trouve qu'elles datent du Moyen Âge, où des communautés du bord, essentiellement composées de nouveaux convertis, se sont constituées dans de nombreuses régions du centre géographique. Plus récemment, des mouvements du XIXe siècle, les baha'is en Iran et les ahmadis au Pakistan, ont démontré leur vigueur et leur force d'attraction, en séduisant tant des convertis à l'islam que des musulmans en quête de nouvelles expériences spirituelles. Ils ont l'un et l'autre mené avec succès des entreprises missionnaires dans des pays non musulmans, par exemple aux États-Unis, où les ahmadis ont bien réussi chez les Afro-Américains et les baha'is chez les Blancs.

Aujourd'hui, dans de nombreuses régions du monde musulman, on constate un puissant élan pour réprimer les croyances locales divergentes et gagner les fidèles à des interprétations plus traditionnelles de l'islam. Les efforts missionnaires (*da'wa*) basés en Arabie saoudite sont particulièrement actifs. N'en concluons pas, cependant, que les pratiques et croyances non conventionnelles du bord soient nécessairement condamnées à disparaître, submergées par des influences plus fortes venues du centre. Plusieurs éléments majeurs qui aujourd'hui, de l'avis général, font partie intégrante de l'islam central se sont, à l'origine, constitués « au bord ». La collecte des dits de Mahomet, par exemple, s'est épanouie en Iran à une époque où la conversion à l'islam était dans une phase particulièrement dynamique. Les six recueils que les musulmans sunnites ont ensuite considérés comme canoniques, où ils voient l'expression la plus authentique de la foi et de la pratique de leur prophète, ont tous été compilés en Iran au IXe siècle. Deuxième exemple : les séminaires religieux (*madrasas*) sont apparus pour la première fois au Xe siècle très loin au nord-est du territoire central arabe, dans la zone frontière qui sépare aujourd'hui l'Iran de l'Afghanistan et du Turkménistan. Certains historiens soupçonnent une origine institutionnelle bouddhiste. Ce n'est qu'au bout de deux siècles de développement local « au bord » que ces institutions se sont répandues dans une grande partie du monde musulman et sont devenues la norme en matière d'éducation, tant chez les sunnites que chez les chiites. Les confréries soufies sont un troisième exemple de création du bord qui revient nourrir le centre. Certaines des plus importantes, comme la Mevleviyyah et la Bektashiyyah, sont nées sur le territoire actuel de la Turquie pendant la période de fermentation religieuse qui a suivi l'effondrement du pouvoir byzantin chrétien dans la région en 1071. D'autres confréries populaires, qui ont connu un large succès, sont nées dans d'autres situations du bord : les montagnes du centre de l'Afghanistan (la

Chishtiyyah), les zones à population mixte arabo-berbère d'Afrique du Nord (la Tijaniyyah) et, nous l'avons vu, l'Inde du Nord (la Shattariyyah).

Des phénomènes comme ceux-là prouvent que les communautés musulmanes éloignées de ce qui paraît être à une certaine époque le centre de l'islam ont manifesté un dynamisme, une créativité et une capacité d'adaptation remarquables. Ils démontrent aussi que certaines innovations du bord ont été ensuite intégrées à l'islam du centre. Si l'on cherchait des parallèles dans les autres religions, on serait très probablement conduit à faire l'histoire des sectes et des appellations. Mais la flexibilité qui caractérise historiquement l'islam dissuade de recourir à cette méthode. Si certains courants de l'islam ont parfois reçu des noms et se sont officialisés, le flux d'idées, de pratiques et de croyances qui circule au sein des communautés et entre elles n'encourage pas la recherche de frontières internes précises et permanentes. Le mélange annuel de centaines de milliers de musulmans de toute croyance pendant le pèlerinage à La Mecque symbolise cette fluidité.

Si l'on examine le contexte actuel, il est évident que les musulmans vivent une époque où les « bords » sont nombreux. Les observateurs s'accordent à dire que l'islam progresse rapidement par la conversion, et c'est la situation la plus courante où se développent les « bords ». Ces progrès ont lieu dans des zones frontières interconfessionnelles de l'hémisphère occidental, d'Afrique et d'Europe, et non dans les vieux territoires centraux de la foi islamique. Autre phénomène tout aussi important : dans de nombreuses régions, certains musulmans œuvrent ardemment à intensifier leur vie religieuse tandis que d'autres s'efforcent d'ajuster leurs observances cultuelles à une société laïque. Des « bords » de ce type existent dans toutes les grandes zones qui composent le monde islamique : les vieux territoires musulmans, où ils vont souvent de pair avec un effort pour « s'aider soi-même » et assumer des responsabilités sociales sur fond d'échec des régimes nationalistes anticléricaux ; les républiques postsoviétiques en voie de réislamisation, où la violence au nom de l'islam fait les gros titres tandis que la multiplication discrète des mosquées et des écoles commence à inverser deux générations d'athéisme officiel ; les communautés de la diaspora en Europe et aux États-Unis, où les musulmans discutent de la meilleure façon d'agir avec des régimes et des sociétés qu'ils ressentent de plus en plus comme inamicaux, voire réellement hostiles.

Au vu de l'histoire des phénomènes de « bord » dans l'islam, on doit s'attendre aujourd'hui à voir apparaître un grand nombre de mouvements divers, qui chercheront à répondre aux besoins spirituels et sociaux de groupes particuliers de croyants. Et aussi à voir les forces conservatrices du centre − tant les gouvernements des pays à majorité musulmane que les oulémas traditionnels marginalisés − peser moins lourd dans l'équilibre spirituel futur que certaines expressions nouvelles de l'islam du « bord ». Deux prévisions que confirme l'examen des activités religieuses islamiques dans le monde, quel que soit l'observateur, musulman ou non-musulman (et, dans ce second cas, pétri de peur et de haine ou plus amical). Selon toute vraisemblance, le centre de demain grandira donc sur le bord d'aujourd'hui.

L'AVENIR

Il y a deux grandes différences entre les bords d'aujourd'hui et ceux d'hier : la rapidité et la facilité des communications, la disparition ou la perte de crédibilité des institutions qui conféraient l'autorité religieuse. Pour la première fois dans l'histoire, des musulmans de tout pays et de toute condition – un prédicateur à Harlem, un terroriste à Mombasa, un chef de parti à Kuala Lumpur, une féministe à Marrakech – peuvent se donner un public mondial aussi facilement que des autorités traditionnelles comme un cheikh d'Al-Azhar au Caire, un ayatollah à Najaf ou un mufti nommé par le roi à Riyad. De plus, avec la dévalorisation des anciennes autorités par les régimes modernisateurs des XIXe et XXe siècles, et l'alphabétisation massive des jeunes qu'ils ont menée à bien, de nombreux musulmans du « bord » s'estiment libres de choisir le type d'islam, quel qu'il soit, qui convient le mieux à leur situation. Certes, les musulmans conservateurs continuent à affirmer que l'islam ne peut être valablement défini que par les cadis, muftis et oulémas qui ont officiellement autorité. Mais d'autres soutiennent que l'islam est ce qu'eux-mêmes et leurs amis pensent qu'il est, sur la base des préceptes de la personne dont les écrits, audiocassettes et vidéocassettes leur paraissent les plus convaincants.

Le point de vue « du bord » sur l'histoire islamique enseigne que la résolution de cette crise d'autorité reposera moins sur des idées que sur des institutions – celles, en particulier, qui convaincront de vastes composantes de la communauté musulmane que quelque chose qui ressemble à un ordre spirituel est revenu. Un « libre marché » des croyances religieuses n'est au mieux qu'un demi-bienfait en ces temps où grossissent les nuages de la guerre, où les voix de la haine religieuse gagnent un public et où des millions de musulmans se démènent pour faire vivre leur famille dans des pays de plus en plus accablés par la pauvreté et le désordre. Ceux qui se tournent vers la religion pour recevoir un soutien spirituel et moral, et parce qu'il est réconfortant de vivre au sein d'une communauté religieuse qui vous aide et s'occupe de vous, veulent des certitudes, et non un débat, sur la définition du droit chemin. Actuellement, il y a beaucoup de chemins, mais la certitude fondée sur une autorité reconnue est rare.

Je ne prétends pas deviner, je le répète, la ou les voies que prendront les musulmans du monde dans le siècle qui commence. Je ne suis guère persuadé, en fait, que les options qui leur sont offertes aujourd'hui comprennent celles qui se révéleront les plus fructueuses à long terme. Au lieu de rapporter des idées et des interprétations religieuses, je consacrerai donc le reste de cette analyse aux défis que doivent surmonter les nouvelles expériences d'institutionnalisation de l'autorité.

Certains observateurs de la République islamique d'Iran estiment que sa tentative d'associer la religion à l'État est un piteux échec, d'autres y voient une expérience fascinante pour mettre en œuvre la démocratie dans un État religieux islamique, mais la grande majorité reconnaît que les rédacteurs de sa Constitution ont audacieusement affronté le problème de l'institutionnalisation de l'autorité religieuse en la personne du Guide – le « juriste religieux gouvernant » (*vali faqih*). Jusqu'à présent, aucun parallèle n'est apparu dans le monde sunnite. Il y a sans aucun doute de nombreuses raisons au meilleur succès des oulémas chiites dans cette entreprise, mais, si l'on regarde vers l'avenir, l'une d'elles est particulièrement suggestive : elle concerne un débat en cours depuis cinq siècles entre deux factions de ces oulémas, les akhbaris et les usulis.

L'école de pensée des akhbaris soutenait que tout le savoir chiite autorisé se trouvait dans les textes volumineux hérités des époques passées. C'est à ces textes, essentiellement composés à une époque où le chiisme était exclu du pouvoir et fortement marqué par le quiétisme politique, que renvoie le mot *akhbar*, qui signifie en arabe moderne « information ». Selon cette faction, les oulémas devaient rester à l'écart des affaires politiques jusqu'au retour de l'Imam caché [6]. L'école de pensée adverse, celle des usulis, doit son nom à l'expression arabe *usul al-din*, qui signifie « les racines de la foi ». Elle affirmait qu'en vertu de leur compréhension des principes religieux fondamentaux, les *usuls*, les principaux oulémas étaient qualifiés pour émettre des jugements contraignants sur les problèmes d'actualité, parce qu'ils étaient mieux placés que n'importe quel fonctionnaire pour savoir comment l'Imam caché aurait jugé l'affaire. Dans la pensée des usulis, rien n'imposait de se sentir lié par les textes du passé. Un lettré vraiment instruit était tout à fait compétent pour exercer son jugement indépendant mais informé, l'*ijtihad*.

Le débat a commencé au XVIᵉ siècle et s'est poursuivi longtemps, avec en toile de fond l'ascension et la chute des Safavides, la plus puissante des dynasties chiites qui ait régné sur l'Iran. Le nœud de la question était clair : en l'absence de l'Imam caché, le gouvernement du shah était-il assez légitime pour déclarer le *djihad* et exercer d'autres fonctions d'ordre religieux ? Les usulis soutenaient que l'État avait autorité, après quoi, allant plus loin, ils se disaient eux-mêmes les plus qualifiés pour gouverner.

À la fin du XVIIIᵉ siècle, les usulis avaient gagné, et pris le contrôle des grands séminaires chiites. Les oulémas les plus estimés étaient considérés par leurs collègues comme des *mujtahids*, des lettrés aptes à exercer leur jugement indépendant. Les croyants ordinaires étaient censés soumettre leurs croyances et leurs actes à la direction d'un seul *mujtahid* vivant, « point de repère de l'émulation » (*marja' al-taqlid*), et transférer leur allégeance à un autre *mujtahid* vivant à la mort du premier. Tout cela a ouvert la voie à l'ayatollah Khomeyni et aux autres dirigeants religieux : on comprend pourquoi ils ont pu créer de leur propre initiative un nouveau mode de gouvernement, et obtenir, quand ils l'ont fait, l'aval respectueux de la majorité de la population.

La légitimité religieusement contestable des shahs safavides anticipait de trois siècles des problèmes semblables auxquels les sociétés sunnites seraient confrontées au XIXe siècle. En Inde, en Algérie, en Afrique subsaharienne et dans les territoires musulmans intégrés à l'Empire russe, les oulémas sunnites ont vu leurs institutions politiques succomber face à l'agressivité d'un impérialisme chrétien. Pendant ce temps, en Égypte et dans l'Empire ottoman, les régimes « occidentalisants » s'en prenaient aux oulémas dans un vain effort pour repousser l'impérialisme. Face à ce qui leur apparaissait comme un assaut contre leur religion et leur prestige professionnel, certains oulémas sunnites ont conclu que l'islam avait besoin d'un renouveau de la pratique rarement utilisée – et, selon certains, interdite – de l'*ijtihad*, celle-là même qu'avaient déjà ressuscitée leurs homologues chiites, les usulis.

Mais à la différence des chiites, ils ne sont pas parvenus à un consensus sur ce qui qualifiait quelqu'un comme *mujtahid*, n'ont pas décidé s'il fallait amener les musulmans ordinaires à suivre de nouveaux jugements indépendants, ni trouvé par quel moyen on le ferait. Le problème que les chiites usulis, avec une longue avance dans la réflexion et beaucoup moins de fidèles, avaient résolu en reconnaissant un petit nombre de « points de repère de l'émulation », et en exigeant des croyants ordinaires qu'ils se conforment à leurs décisions, reste sans solution à ce jour dans l'islam sunnite. La perte de confiance générale dans les anciennes autorités et leurs institutions a suscité des centaines d'actes d'*ijtihad* sous forme de *fatwas* (avis juridiques) ou de déclarations moins officielles, mais pas moyen de savoir lesquelles il faut suivre. De plus, beaucoup de ces positions nouvelles ont été prises par des individus dont les preuves de compétence religieuse auraient fait bien rire au XVIIIe siècle. Donc – et c'est bien compréhensible –, les musulmans ordinaires ne savent pas où se trouve la véritable autorité.

Si je pense que l'évolution institutionnelle se révélera plus importante que les doctrines, innovantes ou non, dans les décennies qui viennent, c'est en raison de cette situation de crise. Si l'on en juge par l'histoire, l'islam sunnite ne va sûrement pas rester indéfiniment dans son état actuel d'effondrement absolu des structures d'autorité. Et on ne sait pas si la solution des chiites usulis se montrera suffisamment souple pour s'adapter et survivre. Les problèmes sont clairs, tant pour les sunnites que pour les chiites : il faut trouver de nouveaux moyens de conférer légitimité et pouvoir à des autorités religieuses ; il faut persuader les croyants de suivre les décisions de celles-ci ; et il faut réduire l'importance de ceux qui n'ont pas de titre suffisant à l'autorité. Mais on ne pourra amener les musulmans ordinaires à accepter une nouvelle structure d'autorité que si cette structure se montre capable de répondre aux problèmes moraux, politiques et sociaux actuels.

S'il paraît certain que les « bords » religieux de notre époque vont engendrer plusieurs solutions créatrices à la crise d'autorité de l'islam, l'histoire islamique ne permet pas de prédire les formes qu'elles prendront. Dans le passé, les créateurs des institutions religieuses qui ont fait autorité ont tous posé en principe que les frontières ne comptent pas. Les écoles d'interprétation juridique, la collecte et l'évaluation de l'authenticité des traditions de Mahomet, la fondation des séminaires, la création des confréries soufies ont ignoré les frontières politiques. Les monarques jouissaient du droit de nommer les juges des tribunaux situés sur leur territoire, mais la loi elle-même reflétait les réflexions et décisions de savants juristes de nombreux pays, et l'État n'avait aucun contrôle sur elle. De même, si les dirigeants et leur famille parrainaient souvent des séminaires et des cheikhs soufis, ils ne pouvaient dicter ni les programmes des premiers ni les enseignements des seconds. Ils ne pouvaient pas non plus limiter les relations internes des confréries soufies, entre les organisations situées sur leur territoire et celles qui se trouvaient ailleurs. L'érudition et la piété islamiques ne marchaient pas au rythme des tambours du sultan.

D'où une question cruciale pour l'avenir : l'État-nation s'est-il si solidement ancré dans le monde musulman qu'il peut imposer des limites politiques à des efforts nouveaux pour légitimer des autorités religieuses ? De nombreux gouvernements actuels agissent comme s'ils avaient ce pouvoir-là. Ils s'efforcent de limiter la participation des militants religieux aux élections et à la direction des organisations civiques, comme le barreau et les conseils étudiants des universités. Certains contrôlent aussi la construction des mosquées, réglementent la nomination de leurs dirigeants et dictent le texte des sermons du vendredi. En matière de droit, même un État religieux comme l'Iran a un code juridique national qui ne s'applique pas au-delà des frontières iraniennes.

Si ces éléments attestent une contrainte des frontières nationales sur la religion, on peut citer dans l'autre sens des centaines d'organisations et de mouvements musulmans qui opèrent sans tenir compte des frontières. Certaines sont des organisations terroristes très médiatisées, comme Al-Qaïda. D'autres, des organisations d'aide sociale et de services qui lèvent de l'argent à l'étranger pour soulager la détresse chez elles. Il y a des confréries soufies ou d'autres associations pieuses qui ont des sections dans de nombreux pays. Certaines sont officiellement internationales, comme les diverses institutions nées de l'Organisation de la conférence islamique. Et

d'autres encore incarnent moins officiellement l'attachement traditionnel des musulmans à l'idée d'une communauté de foi conçue comme une *oumma* unique, et à celle
d'un Califat universel, ayant autorité sur tous les musulmans, comme une option vivante pour l'avenir.

Le bras de fer entre les expressions nationales et trans-
nationales de l'islam n'a pas de solution évidente. S'il
s'avère que l'État-nation est le plus fort, la résolution de
la crise d'autorité pourrait bien passer par des formes
organisationnelles qui n'ont guère de précédents historiques dans l'islam, comme des conseils nationaux d'oulémas, des partis politiques islamiques n'opérant que
dans un seul État, des institutions d'enseignement religieux réglementées par l'État, ou même des tendances
religieuses officielles avec des dirigeants nationaux. En
revanche, si la tradition transnationale l'emporte, la souveraineté des États-nations musulmans, déjà soumise à
une attaque réelle ou en perspective du nouvel impérialisme américain, subira une érosion encore plus forte,
peut-être accompagnée d'un réaménagement des frontières pour les aligner sur les grandes tendances
religieuses.

Dans ce tourbillon de possibles, les activités du
« bord » attireront davantage l'attention que celles du
centre. Si l'on peut se fier à l'histoire, les régimes actuels
d'États musulmans comme l'Arabie saoudite, l'Égypte et
le Pakistan ne joueront qu'un rôle mineur dans la reconstruction de l'islam au XXIe siècle. On pourrait en dire
autant des centres d'études traditionnels, qu'il s'agisse
de grands séminaires réputés comme Al-Azhar en Égypte
où d'« écoles à une seule salle » comme les *pesantrans*
d'Indonésie ou les *madrasas* du Pakistan. Historiquement, la créativité et la vitalité nécessaires pour réaliser
le changement sont venues des populations dynamiques
du « bord », et non des pouvoirs établis.

Il faudra être particulièrement attentif à trois situations de « bord » :

1. Les communautés de la diaspora musulmane dans les pays non musulmans, essentiellement en Europe et en Amérique.

2. Les partis politiques à orientation démocratique dans les pays à majorité musulmane.

3. L'enseignement supérieur, privé ou public, dans les pays où les séminaires de type traditionnel ont perdu leur prestige, comme la Turquie, ou dans ceux où ils n'ont jamais eu grande importance, comme l'Indonésie.

Les communautés diasporiques ont une longue histoire dans l'islam. Chacun sait que les voyageurs et navigateurs musulmans établissaient des colonies de commerçants qui devenaient les noyaux de vastes communautés, composées à la fois d'immigrants et de convertis locaux. Mais les diasporas d'aujourd'hui se développent dans le cadre de situations politiques, juridiques et sociales nouvelles. Autrefois, toutes les diasporas avaient tendance à constituer des communautés repliées sur elles-mêmes. Des restrictions politiques, ou les coutumes sociales et religieuses du pays d'accueil, menaçaient parfois leur bien-être. Mais les inquiétudes qu'inspiraient ces menaces aidaient la communauté à maintenir sa cohésion, puisque ses membres sentaient bien qu'ils ne pouvaient compter que sur eux-mêmes. Aujourd'hui, les communautés de la diaspora en Europe et en Amérique – à la différence de celles des travailleurs migrants du golfe Persique – recherchent l'inclusion économique et la normalisation juridique, et, pour les enfants nés dans la diaspora, l'assimilation sociale devient de plus en plus attrayante. Dans ces conditions, maintenir des frontières communautaires et préserver des traditions de génération en génération devient problématique. Mais les avantages qu'offre la promesse de l'égalité devant la loi dans les démocraties occidentales laïques rendent ce problème supportable. Les dirigeants diasporiques, prévoyant que leurs petits-enfants deviendront des habitants permanents du pays d'accueil, admettent la réalité : ils ne vivront jamais sous un régime politique ou dans un système juridique fondés sur l'islam. Ce postulat est manifestement contraire aux interprétations traditionnelles de la loi islamique, dont de nombreuses dispositions supposent l'existence d'un État islamique. Cette différence juridique crée pour la diaspora une situation de « bord » unique. Ses membres doivent trouver comment être musulman et ne pas amoindrir leur identité musulmane dans ces conditions-là.

Les attentats du 11 septembre ont mis sur le devant de la scène le dilemme de la vie dans la diaspora musulmane, pas seulement aux États-Unis mais dans d'autres pays aussi. Les intellectuels arabes, qui jugeaient naguère la distinction entre musulmans et chrétiens sans importance pour leurs intérêts communs nationalistes, se sont mis à voir le monde à travers un prisme à coloration religieuse. Les musulmans des pays non arabes ont commencé à constater que les appréhensions des sociétés d'accueil non musulmanes se concentraient moins sur les différences linguistiques et ethniques, et davantage sur la profession de foi musulmane commune. Et les communautés immigrées ont commencé à se rapprocher des groupes locaux de convertis à l'islam, puisque les uns et les autres se trouvaient confrontés à la suspicion des non-musulmans à cause de leur religion. Bref, le débat sur l'islam au sein de la diaspora est devenu nettement plus intense et anxieux.

Ces communautés diasporiques d'Europe et d'Amérique ne manquent pas d'hommes et de femmes cultivés et intellectuellement compétents. Depuis le 11 septembre, ce sont eux qui animent l'effort de réflexion sur les problèmes des musulmans – tant dans la diaspora que dans leur pays d'origine ou dans toute l'*oumma*. Parler et écrire ne constitue toutefois que l'une des formes de direction d'une communauté. Un émigré égyptien en France peut formuler une analyse très précise de la situation en Égypte sans avoir grand-chose à dire sur les conditions de la vie musulmane en France. Un théologien marocain en Californie peut publier une étude pénétrante des idées coraniques sur les droits de l'homme mais la juger pertinente pour l'ensemble de l'*oumma* plutôt que pour sa communauté musulmane locale.

Pour que les communautés du « bord » diasporique deviennent des pépinières de nouvelles conceptions de l'autorité, il faudra jeter des ponts entre les intellectuels en vue et les institutions communautaires locales. Actuellement, ce type de coordination se voit davantage dans les communautés non diasporiques. Dans les pays à majorité musulmane, il est fréquent que les intellectuels travaillent avec des organisations politiques et sociales, ou s'efforcent d'en créer. Démarche compréhensible, puisque la conjonction de la surveillance et des restrictions imposées par l'État, d'une part, et de ses carences en matière d'emploi et de services sociaux, de l'autre, incitent à l'action sociale et à l'organisation politique. Les partis et mouvements de ces pays et les intellectuels qui sympathisent avec eux élaborent leurs programmes dans (et contre) les limites que les dictateurs, monarques et généraux leur ont fixées avec l'appui implicite des gouvernements occidentaux qui les soutiennent. En revanche, les communautés de la diaspora travaillent en général dans un contexte de liberté juridique et d'égalité constitutionnelle, et leurs dirigeants consacrent surtout leurs efforts à faire vivre la communauté et à veiller au respect de ses droits légaux, pas à s'organiser pour combattre une dictature. Par conséquent, les intellectuels engagés de la diaspora trouvent souvent les difficultés locales moins graves que les situations tragiques que vivent les musulmans ailleurs.

Malgré l'énergie intellectuelle et la liberté d'expression dont elles jouissent, les communautés diasporiques illustrent dans leurs microcosmes le problème général du conflit entre autorités anciennes et autorités nouvelles. Les imams et dirigeants de communauté ressemblent aux vieilles autorités des pays à majorité musulmane. Mais ils sont plus respectés, parce qu'ils n'ont pas été soumis à la domination coloniale ou à de terribles pressions anticléricales. Ils acquièrent leur autorité en assumant personnellement la direction de leur communauté et en travaillant directement en son sein, et ils concentrent l'essentiel de leur attention sur les problèmes de leurs propres fidèles, ceux de la diaspora. Les intellectuels et prédicateurs musulmans que l'on entend plus souvent dans le débat public incarnent la tendance opposée. Ils constituent des autorités nouvelles, du fait même qu'ils cherchent à influencer les esprits par des idées et arguments exposés dans des livres et sur les médias électroniques. Ce qui les satisfait le plus est d'apprendre que leurs idées ont eu un impact à des milliers de kilomètres, pas d'être écoutés avec respect dans leur mosquée locale.

Tout n'est pas aussi tranché, bien sûr. De nombreuses personnalités travaillent sur les deux plans. Mais le problème devient alors de trouver un équilibre entre les deux, entre ce qui a une signification pour la diaspora et ce qui fait sens pour les musulmans ailleurs – dans le pays natal de l'intellectuel ou dans l'*oumma* en général. On peut imaginer que des communautés diasporiques construisent des structures d'organisation nationales – pensons au nouveau Conseil français du culte musulman – et les utilisent pour décider elles-mêmes qui a autorité pour parler au nom de l'islam dans l'espace national. Mais, avec la tradition de liberté d'expression des démocraties occidentales laïques, on a du mal à voir comment ces structures pourraient espérer mettre au pas la pensée et les écrits des électrons libres intellectuels.

Passons maintenant au second « bord » important : les sociétés en pleine fermentation politique des pays sous dictature. La contradiction entre localisme et tradition transnationale s'y manifeste sous un jour différent. Avant le 11 septembre, et en dépit de la brève période de propagande transnationale en faveur de la révolution islamique qui a suivi le renversement du shah en 1979, la plupart des militants religieux rédigeaient leurs appels en termes nationaux et organisaient leurs partis politiques en vue de participer à des élections nationales. Les Frères musulmans en Égypte, par exemple, n'étaient pas les mêmes que les Frères musulmans en Jordanie ou au Koweït. Depuis le 11 septembre, en revanche, l'attrait transnational de l'idée de *djihad* de tous les musulmans contre tous les ennemis de l'islam – dans le discours, les juifs et les croisés, mais en donnant à cette expression un sens assez large pour y faire entrer les Indiens au Cachemire et les Russes en Tchétchénie – a progressé à la fois dans le discours public et dans les faits. Un nombre considérable de musulmans, frustrés par la faiblesse militaire et l'oppression politique intérieure de leurs États nationaux, sont aujourd'hui d'accord avec l'analyse géostratégique d'Oussama Ben Laden et respectent l'image austère de combattant désintéressé de la foi qu'il se donne. Son programme d'action, en revanche, séduit infiniment moins, essentiellement parce qu'il n'a rien d'autre à offrir que la mort.

En donnant à son *djihad* une échelle mondiale et non nationale, Ben Laden a enthousiasmé un public qui n'avait jamais imaginé une telle audace. Mais il s'est aussi interdit de travailler dans le cadre des systèmes politiques nationaux. Renverser le régime égyptien ou saoudien pourrait avoir un intérêt tactique, mais instaurer dans ces pays des démocraties favorables à l'islam ne saurait être un substitut du grand combat contre les juifs et les croisés. En termes de vision politique, tout ce que peut proposer Ben Laden est une vague résurrection du Califat universel, perspective dont l'inconsistance est devenue évidente quand il a revendiqué le pouvoir suprême pour le dirigeant, sans envergure religieuse, du régime des talibans afghans.

Les orientations idéologiques qui conduisent à concentrer les efforts sur les systèmes politiques nationaux sont porteuses d'un potentiel à long terme bien supérieur à tout ce qui s'est concrétisé jusqu'à présent du côté des partisans du *djihad*. Mais la plupart de ces stratégies nationales, dont celles, nombreuses, qui préconisent des élections libres, ont été durement réprimées par les États policiers. C'est un bel exemple de la dynamique classique où l'on propulse l'extrémisme violent en écrasant les alternatives non violentes. Intégrer des mouvements et partis islamiques dans des systèmes politiques libéralisés qui s'organiseraient autour d'élections libres est la meilleure tactique pour réduire radicalement l'attrait du *djihad* transnational.

La mise en œuvre de ce type de politique créerait chez les aspirants à la candidature une incitation forte à aller au-delà d'une rhétorique de mobilisation de masse, exaltante mais sans contenu, et à proposer des programmes de gouvernement spécifiques. Si ces propositions ont du succès, on verrait des partis religieux former des gouvernements ou s'assurer une influence parlementaire importante, ce qui tendrait à fondre dans des moules nationaux les nouvelles structures d'autorité religieuse islamique, puisqu'elles seraient très probablement fondées sur les plateformes de ces partis. Comme dans les autres systèmes démocratiques, les chefs de partis appréciés – de partis, en l'occurrence, ouvertement islamiques – seraient perçus comme des autorités, légitimées par le soutien de l'électorat populaire. Cela ne ferait peut-être pas d'eux de véritables autorités religieuses s'ils n'en ont pas la stature ou le savoir spirituel, mais les idéologues qui préconisent le rejet des institutions électorales perdraient toute légitimité.

En principe, le rôle des intellectuels indépendants dans les pays où des partis islamiques participent activement à des élections libres devrait être comparable à celui qu'ils jouent dans la diaspora (certains pays musulmans, bien sûr, comme la Jordanie, le Liban, le Yémen, la Malaisie, le Pakistan, l'Indonésie, autorisent actuellement les partis religieux à présenter des candidats aux élections. Mais la loi électorale et le contrôle gouvernemental sur les médias limitent parfois la liberté démocratique). Dans l'idéal, les intellectuels devraient être libres d'exprimer leurs idées et de rechercher une audience tant à l'intérieur qu'à l'extérieur des frontières nationales. Mais la politique réelle absorbe souvent les énergies mentales, et ils auront très probablement tendance à s'aligner sur tel ou tel parti islamique, ce qu'ils ne sont guère enclins à faire dans la diaspora. Autrement dit, avec la liberté de prendre part aux élections, un ou une philosophe égyptien(ne) qui coopérerait avec un parti islamique égyptien pourrait espérer que ses idées contribuent à créer une nouvelle réalité en Égypte. Tandis qu'un philosophe musulman qui travaille en France ne peut guère s'attendre, en tant que voix spécifiquement musulmane, à provoquer d'importants changements dans la politique du gouvernement français, sauf peut-être pour des mesures concernant directement la communauté diasporique.

Les situations hypothétiques ne sauraient prédire ni déterminer l'avenir. Elles sont utiles, cependant, pour souligner l'importance de l'échelle quand on visualise les dénouements possibles de la crise d'autorité dans l'islam. L'islam est et restera une foi fondée sur un message universel, et sur un indestructible sentiment de fraternité à travers l'immense étendue de l'*oumma*. Les musulmans continueront à puiser leur inspiration dans un glorieux passé et à maintenir vivante l'idée de la *shar'ia*, de la loi de tous les musulmans. Néanmoins, les gens ne vivent pas leur vie au niveau de l'universel. Ceux qui préconisent un changement global – qu'ils appellent à réintroduire l'*ijtihad*, à s'en tenir strictement aux pratiques de Mahomet et de ses compagnons, ou à déclencher un *djihad* mondial contre les juifs et les croisés – peuvent stimuler les esprits ou faire bouillir les sangs, mais en dernière analyse la politique est locale. Et la politique est profondément différente pour les communautés diasporiques d'Amérique et d'Europe et pour les pays à majorité musulmane sous le joug des dictatures. Ces deux mondes musulmans ont beaucoup de choses à se dire, mais la situation qu'ils vivent respectivement inhibe le dialogue.

Il est certain que des ponts seront jetés entre les politiques d'intérêt local, mais on voit mal comment ils pourraient naître des partis politiques islamiques, ou des préoccupations de communautés diasporiques qui travaillent à construire l'islam dans leur pays d'accueil. D'où ma troisième suggestion : les structures d'enseignement supérieur dans toute l'*oumma* méritent toute notre attention. Dans les deux derniers siècles, la sœur chrétienne de l'islam au sein de la vaste civilisation islamo-chrétienne a vu le corps enseignant l'emporter sur le clergé : il est devenu le corps international d'autorités intellectuelles le plus influent, dont la cohésion est assurée par des procédures de légitimation communes. Il n'est pas du tout exclu qu'une évolution parallèle se produise dans l'islam du XXIe siècle.

C'est déjà une réalité : un important pourcentage des nouveaux détenteurs d'autorité qui ont acquis une audience nationale et transnationale dans les quarante dernières années ont des diplômes de haut niveau obtenus dans des institutions laïques. Loin de les dissimuler, ils les utilisent implicitement pour renforcer leur prestige. Leurs diplômes disent publiquement que leur pensée religieuse n'a pas été façonnée par les programmes étouffants et surannés des séminaires, et ils les posent aussi en dirigeants dont la compétence a été reconnue – et officialisée – même par des gens qui se désintéressent totalement de l'islam (si l'on effectuait aux États-Unis un recensement comparatif chez les évangélistes en vue – et probablement au Congrès –, on aurait du mal à trouver un niveau moyen de réussite scolaire laïque aussi élevé). Un optimiste pourrait en conclure que les musulmans aspirent à suivre des gens dont ils respectent l'intelligence, et sont enclins à voir dans le succès universitaire hors du système des séminaires une lettre de créance respectable. Un pessimiste répondrait qu'un brillant diplôme de médecine, d'ingénierie, de droit, de pédagogie ou d'économie ne qualifie pas son détenteur pour être penseur et chef religieux.

Si les séminaires traditionnels sont relativement peu nombreux, il existe aujourd'hui des milliers de professeurs de droit islamique, théologie islamique et entreprise missionnaire islamique dans des universités de type international dans tout le monde musulman. Ils forment leurs étudiants à satisfaire les besoins religieux des communautés musulmanes du pays et à répandre une bonne pratique islamique dans les communautés à l'étranger. Mais, dans la plupart des pays musulmans, ce corps enseignant religieux est employé par des universités publiques, donc soumis au contrôle des régimes autocratiques. Pour pouvoir s'affirmer comme source d'autorité religieuse et rivaliser avec les partis politiques religieux et les rénovateurs autoproclamés, il a besoin d'une plus large autonomie intellectuelle, d'une situation comparable à la liberté de pensée dont jouit le corps professoral en Occident – ou à l'indépendance financière et pédagogique des séminaires traditionnels avant l'ère de la modernisation.

Le recteur de l'université publique d'études islamiques Syarif Hidayatullah de Jakarta, Azyumardi Azra, soutient que « les *pesantren* [écoles religieuses traditionnelles] et les universités islamiques [en Indonésie] forment en fait des musulmans aux idées modérées et enclins à la tolérance religieuse, parce qu'ils perçoivent l'islam comme un phénomène social ». Les extrémistes, souligne-t-il, viennent plutôt d'institutions qui privilégient les matières scientifiques, comme l'Université d'Indonésie, l'Institut d'agriculture de Bogor et l'Institut de technologie de Bandung[7].

Azyumardi Azra a obtenu son doctorat à l'université Columbia, dans le cadre d'un programme du gouvernement indonésien pour encourager les plus prometteurs des étudiants en islam à se former dans des universités laïques occidentales et non dans des centres d'études traditionnels comme Al-Azhar en Égypte. Beaucoup d'enseignants de son université ont eu des parcours semblables. Le chef de la Muhammadiyyah, la seconde organisation musulmane d'Indonésie, qui a terminé ses études de doctorat en islam aux États-Unis, à l'université de Chicago, confirme l'analyse d'Azyumardi Azra. Le problème, explique-t-il, c'est que les universités laïques, tournées vers les sciences, ne permettent pas une compréhension suffisamment large de l'islam.

Supposer que les universités occidentales laïques sont le meilleur endroit pour acquérir une formation excellente dans les interprétations modérées et tolérantes de l'islam a manifestement quelque chose d'absurde. Mais cette absurdité résume le dilemme de l'éducation. L'enseignement supérieur dans le monde musulman est divisé en deux filières, l'une laïque et l'autre religieuse. La filière laïque, fondée sur les programmes établis par les régimes occidentalisateurs du XIXe siècle pour former le personnel de l'État, fait peu de place à l'éducation religieuse. Néanmoins, les penseurs religieux les plus populaires, directs et novateurs en sont issus, dont beaucoup de ceux qui préconisent avec force le *djihad* et l'intolérance. La filière religieuse, dont l'indépendance financière et l'aura d'autorité ont été minées par ces mêmes régimes, forment des spécialistes compétents et souvent modérés, qui supportent mal la prééminence de leurs rivaux moins qualifiés venus des institutions laïques. Mais ils ne jouissent en général ni du prestige social ni de la liberté intellectuelle nécessaires pour avoir un impact public important. Malheureusement, témoigner un respect nouveau à l'éducation religieuse solide – ce qui pourrait contribuer à alléger la crise d'autorité – irait à l'encontre de l'idéologie anticléricale de nombreux régimes musulmans, et plus généralement de l'esprit laïque qui sous-tend l'éducation moderne dans le monde entier.

N'ayant jamais eu de réseau d'enseignement supérieur religieux sous le colonialisme néerlandais, l'Indonésie a été plus libre de faire des expériences en éducation islamique que les pays aux traditions pédagogiques bien ancrées. Beaucoup de grandes villes ont un Institut d'État d'études islamiques (IAIN), au personnel largement composé de professeurs qui ont été formés aux études islamiques en Occident. Azyumardi Azra dirige le premier IAIN qui s'est vu accorder le statut d'université. Il est fort possible que cette expérience reste limitée à l'Indonésie, mais elle montre que des régimes laïques ne sont pas incapables de toute réflexion créatrice sur le problème de l'autorité religieuse, s'ils ne sont pas tenaillés par la peur de voir les oulémas redevenir une force politique rivale.

Les communautés diasporiques, les partis politiques islamiques et la formation religieuse en université n'épuisent pas la liste des situations « de bord » à partir

desquelles pourraient se développer des initiatives insti-
tutionnelles transformatrices. Mais ils permettent d'illus-
trer certains des problèmes qu'il faudra surmonter en ces
temps où la communauté musulmane mondiale affronte
sa crise d'autorité. Au vu de tout ce que les musulmans
ont créé sur la base de leur tradition religieuse depuis
quatorze siècles, je n'ai pas le moindre doute : ils trouve-
ront des solutions. Et je ne serais pas du tout surpris
de voir, dans les vingt à trente prochaines années, des
dirigeants religieux à la conscience tolérante et pacifique, du calibre de Ghandi, Martin Luther King et
Nelson Mandela, s'attirer plus de respect et de popularité
que les avocats actuels du *djihad*, de l'intolérance et de
l'autocratie religieuse.

APPENDICE
SUR L'ONOMASTIQUE QUANTITATIVE

Cet appendice développe les aspects méthodologiques de l'analyse sur la popularité des prénoms masculins des pages 101-105. Le choix de certains prénoms traduit de nombreuses influences dont le détail diffère d'une famille à l'autre et d'un enfant à l'autre. Une habitude familiale, le désir de perpétuer le nom d'un parent décédé, l'imitation d'une personnalité publique estimée, la volonté d'honorer un ami ou un mentor – tout cela peut jouer un rôle. Néanmoins, même si des facteurs complexes et personnels de ce genre interviennent, ils restent plus ou moins constants au fil du temps, donc s'annulent l'un l'autre lorsqu'on agrège de grands nombres de prénoms.

D'autres facteurs changent systématiquement en fonction de la façon dont les parents anticipent l'avenir. Quand ils réfléchissent sérieusement au type de société dans lequel leurs fils vont vivre leur vie, ils leur donnent des prénoms qui reflètent implicitement leurs attentes. Ils révèlent ainsi leur appréciation personnelle de l'orientation du changement qu'ils voient autour d'eux. Puisque, dans la plupart des cultures, les parents ont encore tendance à considérer que leurs fils seront probablement des acteurs autonomes dans la société, mais que leurs filles vivront leur vie au sein d'unités familiales dont l'identité publique viendra de leurs membres mâles, les prénoms masculins trahissent ce facteur d'anticipation sociétale plus sûrement que les prénoms féminins.

Pour servir de point de comparaison en matière de changement de prénoms dans une société en transition d'une identité religieuse à une identité laïque, j'ai extrait systématiquement un échantillon de prénoms masculins de la liste des étudiants diplômés de Harvard College de 1671 à 1877. J'ai estimé leur date de naissance en soustrayant vingt et un ans à celle du diplôme. Si l'on ne pouvait avoir pour aucun d'eux, à sa naissance, la certitude qu'il deviendrait un diplômé de Harvard, on peut présumer sans grand risque d'erreur que les parents qui lui ont donné son prénom étaient, ou sont devenus pendant ses jeunes années, assez alphabétisés pour valoriser l'enseignement supérieur, assez prospères pour épargner à leur fils d'avoir à travailler à la ferme ou à l'atelier, et qu'ils résidaient assez près de Boston, la capitale coloniale du Massachusetts, pour faciliter son séjour à Cambridge, sur l'autre rive de la Charles River. Ces considérations supposent une certaine homogénéité de classe sociale, qui implique elle-même une vision du monde relativement homogène. Les historiens de l'Amérique coloniale s'accordent à dire que cette vision du monde était dominée, au début de la période, par les fortes traditions religieuses de la colonie de la baie du Massachusetts.

Le graphique 1 (p. 102) retrace l'évolution dans le temps de la fréquence des prénoms de Harvard issus de l'Ancien Testament. Il illustre simultanément, et de façon impressionnante, la force de la sensibilité religieuse et son évanouissement au fil du temps. Dans la cohorte la plus ancienne dont nous disposons (1671), les prénoms de l'Ancien Testament – comme Samuel, Nathaniel, Benjamin, Ezekiel – représentent 40 % de la liste. Cette proportion s'élève jusqu'à 45 % en 1760 (par comparaison, les prénoms des premiers diplômés du William and

Mary College, dans la Virginie non puritaine, n'attestent aucune préférence particulière pour les modèles bibliques). Puis, de 1760 à 1860, le taux des prénoms issus de l'Ancien Testament tombe à moins de 10 %, après quoi il se stabilise à ce niveau jusqu'au moment où Harvard étend le champ géographique et social du recrutement de ses étudiants de premier cycle, pendant les années 1950.

Nul besoin d'être un expert en histoire américaine pour comprendre à quel moment la courbe s'oriente vers le bas, notamment si l'on tient pour vraisemblable que beaucoup d'étudiants de cette époque ont obtenu leur diplôme de Harvard à un âge un peu plus jeune que vingt et un ans, ce qui situerait le point d'inflexion de la courbe un peu après 1760[1]. La guerre de Sept Ans, qu'on appelle en Amérique du Nord la « guerre française et indienne », s'est terminée en 1763. Cherchant à se rembourser de ses dépenses militaires, la Grande-Bretagne a immédiatement entrepris de faire respecter scrupuleusement les lois existantes sur la navigation, puis imposé une série de nouvelles mesures fiscales – le Sugar Act (1764), le Quartering Act et le Stamp Act (1765), les Townsend Acts (1767) – qui mettaient lourdement à contribution la classe commerçante d'un grand port comme Boston. C'est ainsi qu'ont été semées certaines des graines de la Révolution américaine.

Puisque le déclin des prénoms bibliques se poursuit pendant et après la période de la révolution, il est difficile d'échapper à la conclusion que la tendance qui s'est instaurée au cours des années 1760 était très liée à la montée des tensions politiques et du sentiment d'identité protonationale qui ont explosé dans la guerre de 1776 et donné naissance à une nouvelle nation. Les citoyens du Massachusetts avaient vécu au son des cloches de leurs églises depuis la fondation de la colonie par les puritains, mais voici que Boston devenait un foyer d'agitation et de révolte pour une nouvelle identité nationale. Dans ce climat, il n'est guère surprenant que des parents plus nombreux et plus aisés aient pensé que leurs fils grandiraient sur une scène publique où la religion jouerait un moindre rôle. Cela n'indique pas nécessairement un fléchissement de la piété personnelle. Cela montre seulement qu'un nombre croissant de parents pensaient que leurs fils réussiraient mieux avec un prénom non religieux qu'avec un prénom religieux (paradoxalement, les prénoms qu'ils ont d'abord retenus étaient ceux des rois d'Angleterre : Henry, Edward, George, etc.).

Passons maintenant à un exemple musulman : le choix des prénoms turcs de 1820 à 1908. Les prénoms utilisés pour produire la courbe du graphique 2 (p. 103) sont ceux des membres du Büyük Millet Meclisi, le Parlement de la République turque fondée en 1921, ainsi que les prénoms de leurs pères et ceux des membres de l'éphémère Parlement ottoman de 1876. Nous disposons des dates de naissance dans les trois cas. L'ensemble de prénoms que j'ai retenu comme équivalent, dans le contexte culturel ottoman, aux prénoms de l'Ancien Testament pour le Massachusetts se compose de trois prénoms associés à la personne et à la famille du prophète Mahomet : Mehmet, Ahmet et Ali. En termes de classe sociale, il est évident que ces hommes venaient de familles assez fortunées, prestigieuses et conscientes politiquement pour leur permettre de briguer (eux ou leurs fils) un mandat électoral. Autant dire qu'ils représentent une strate de familles de l'élite, répartie dans toute la Turquie (j'ai exclu les représentants non anatoliens de 1876).

Comme à Harvard, les prénoms religieux dominent la première onomastique : les trois que j'ai retenus étaient portés par 30 à 35 % du groupe. En 1839, la courbe s'inverse abruptement et ne cesse de descendre régulièrement jusqu'à un nadir de 7 % pendant la révolution des Jeunes-Turcs de 1908, avec une seule remontée temporaire au cours des années 1890, quand le sultan-calife Abdulhamid II s'était fait l'ardent promoteur du panislamisme et de son propre rôle de chef suprême du monde musulman. Quant à la cause du renversement spectaculaire, rappelons qu'une crise soudaine a assailli l'Empire ottoman en 1839. Méhémet-Ali, le gouverneur ottoman rebelle de l'Égypte, avait pris le contrôle de la Syrie en 1833. En 1839, son fils Ibrahim a envahi l'Anatolie et écrasé l'armée, récemment réorganisée, du sultan Mahmoud II. La même année, la flotte de Mahmoud s'est rendue à Méhémet-Ali à Alexandrie, et Mahmoud lui-même est mort. Seule l'intervention des puissances européennes a empêché la chute d'Istanbul. En échange et en plus de ce qu'ils ont exigé de Méhémet-Ali, les Européens ont réclamé au fils et successeur de Mahmoud, le sultan Abdülmecid, de vastes réformes d'européanisation. Le décret de « réforme » du sultan de 1839, dont on a tant parlé – le « Rescrit impérial de la Chambre rose » –, a inauguré la période de changement institutionnel qu'on appelle le Tanzimat (« Réorganisation »), au cours de laquelle des écoles, des codes juridiques et des méthodes administratives à l'européenne ont remplacé à bon rythme leurs homologues traditionnels à fort contenu religieux. La couche sociale la plus affectée par ces changements a été celle des familles de l'élite, qui deviendrait plus tard la classe politique de la fin de l'Empire, puis de la République turque. C'est de cette couche que sont issus les prénoms.

Il n'est guère surprenant que ces familles, les plus conscientes des aspirations européanisantes des architectes du Tanzimat, aient été de plus en plus nombreuses à donner des noms non religieux à leurs fils après 1839. Sauf pendant la brève flambée de sentiment panislamique suscitée par le sultan Abdulhamid II, l'évolution de la vie publique turque qu'ils voyaient se dessiner suivait clairement une trajectoire d'assimilation aux valeurs et aux pratiques européennes, dont le point culminant a été la révolution de 1908, initialement saluée par tous les éléments politiquement conscients, musulmans, chrétiens et juifs au même titre, comme un triomphe de l'identité nationale sur l'identité religieuse (cette évolution du choix des prénoms révèle avec force les racines sociopsychologiques de la réussite d'Atatürk quand il a fait plus tard de la laïcité l'idéologie officielle de sa République turque).

Deux études de cas ne suffisent pas à valider une technique d'analyse, mais la similitude entre les évolutions onomastiques de sociétés aussi éloignées l'une de l'autre que le Massachusetts du XVIIIe siècle et la Turquie du XIXe siècle incite à une troisième comparaison : le choix des prénoms en Iran. Les données viennent des travaux de sociologues iraniens qui ont étudié l'impact de la révolution. Le graphique 5 (p. 216) résume certaines de leurs conclusions. La ligne A reprend les chiffres de l'étude de Nader Habibi sur Hamadan, une capitale de province[2]. Elle montre que la baisse de popularité des prénoms « islamiques » avant les années 1970 s'est inversée pendant les années immédiatement antérieures à la révolution de 1979, puis a repris très vite après l'instauration de la République islamique. Sur la période couverte, 1962-1987, le déclin de l'inclination à donner des prénoms « islamiques » a été de plus de 25 %. La ligne B synthétise les conclusions d'Ahmad Rajabzadeh pour Hamadan et Arak, une autre ville de province[3]. C'est aussi la ligne que présente le graphique 3 (p. 103). Elle montre que les choix « islamiques » représentent entre 70 et 80 % de tous les prénoms jusqu'au milieu des années 1930. Puis commence un déclin marqué, qui coïncide chronologiquement avec la promotion par Reza Shah Pahlavi du nationalisme iranien comme idéologie d'État, et avec ses efforts pour réprimer les coutumes religieuses, dont le plus spectaculaire a été l'interdiction faite aux femmes, en 1936, de porter le tchador. Les parents sont de plus en plus nombreux à choisir des prénoms non religieux dans les trois décennies suivantes. Puis la tendance s'inverse dans les années prérévolutionnaires du milieu de la décennie 1970. Cette brève résurgence des prénoms « islamiques » atteint son apogée vers 1977, après quoi le déclin reprend. En 1993, année où se termine l'étude, le pourcentage de parents citadins qui donnent à leurs enfants des prénoms « islamiques » a diminué de 44 %.

Deux questions compliquent l'analyse de ces résultats : le sexe et la définition de ce qui constitue un nom « islamique ». Rajabzadeh, par exemple, donne des tableaux séparés pour les noms masculins et féminins, mais sans la ventilation urbain/rural, qu'il indique pour les chiffres globaux. Abbas Abdi, dans une étude sur le choix des prénoms des enfants de Téhéran, tient compte de ces problèmes[4]. Mais s'appuyer sur les chiffres de la capitale, où l'impact des tendances politiques est plus fort et plus volatil qu'en province, crée d'autres complications. La ligne C reprend le tableau d'Abdi sur les prénoms « islamiques » chez les garçons. Les chiffres sont nettement plus élevés que ceux qu'ont relevés Habibi et Rajabzadeh, et le vif déclin que les autres études datent du début de l'action révolutionnaire en 1977-1978 n'intervient que vers 1983, peut-être par déception face à la guerre avec l'Irak, ou à la guerre civile entre le gouvernement de la République islamique et les Moudjahiddin du peuple. Mais, après cette date, le déclin reste régulier, conformément aux conclusions de Habibi et de Rajabzadeh.

Cette présentation sommaire des conclusions de trois projets de recherche indépendants ne rend pas justice à la complexité des travaux qui les fondent, mais leur ligne

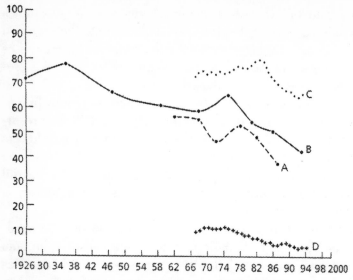

GRAPHIQUE 5. – Fréquence des prénoms islamiques en Iran :
A : prénoms « islamiques » de Hamadan (Habibi).
B : prénoms « islamiques » de Hamadan et d'Arak (Rajabzadeh).
C : prénoms « religieux », toutes catégories réunies, chez les garçons de Téhéran (Abdi).
D : prénoms « religieux coutumiers » chez les garçons de Téhéran (Abdi).

générale paraît hors de doute. Dans des sociétés orientées religieusement, l'affirmation forte d'une identité collective découplée de l'affiliation religieuse déclenche une chute très prononcée du choix de prénoms religieux : le commencement de la fermentation révolutionnaire républicaine au Massachusetts, l'aval impérial aux réformes d'européanisation en Turquie (Empire ottoman) et, en Iran, les mesures spectaculaires de laïcisation de Reza Shah Pahlavi et sa volonté de promouvoir le nationalisme iranien. Quand de plus en plus de parents commencent à visualiser un avenir où la vie publique et politique ne gravite pas autour de la religion, ils signalent par les prénoms donnés à leurs enfants qu'ils s'attendent à du changement. Dans le cas iranien, la baisse s'est brièvement inversée au milieu des années 1970 lorsque l'agitation contre le régime du shah a pris une coloration fortement religieuse, exactement comme elle s'était brièvement inversée en Turquie quand Abdulhamid II avait fait du panislamisme l'idéologie impériale.

Le graphique 4 (p. 105) compare le taux de changement de prénoms de l'Iran avec ceux de la Turquie et du Massachusetts. En fixant à 100 % le niveau des choix de prénoms religieux au sommet de leur courbe respective, 1760+, 1838 et 1936±, nous pouvons voir à quelle vitesse les parents, dans les trois situations, ont commencé à donner d'autres types de prénoms. Les points sont notés dix ans avant le point d'inflexion, puis dix ans, vingt ans, trente ans après, etc. C'est dans l'échantillon turc que le déclin des prénoms religieux est le plus rapide, du moins jusqu'à la brève reprise de la période hamidienne. La distorsion de cet échantillon dans le sens de l'élite et des familles politiquement conscientes pourrait l'expliquer. Quant aux courbes du Massachusetts et des villes provinciales iraniennes d'Arak et de Hamadan, on peut pratiquement dire qu'elles se recouvrent, jusqu'au bref retournement de tendance en Iran avant la révolution de 1979. Le taux de diminution après la révolution est légèrement supérieur à celui du Massachusetts.

NOTES

CHAPITRE 1

1. Samuel P. Huntington, « The clash of civilizations ? », *Foreign Affairs*, été 1993, vol. 72, nº 3 (*NdT*).
2. Basil Mathews, *Young Islam on Trek : A Study in the Clash of Civilizations*, New York, Friendship Press, 1926.
3. Young Men's Christian Association [Union chrétienne des jeunes gens]. Ce mouvement de jeunesse chrétien, fondé à Londres en 1844 par George Williams, s'est vite internationalisé. Il gère aujourd'hui un réseau d'auberges de jeunesse (*NdT*).
4. Basil Mathews, *Young Islam on Trek : A Study in the Clash of Civilizations*, op. cit., p. 41.
5. *Ibid.*, p. 196.
6. *Ibid.*, p. 216-218.
7. Boston, Houghton Mifflin, 1923.
8. *Histoire de la décadence et de la chute de l'Empire romain*, traduction française de François Guizot, Paris, Ledentu, 1828, t. X, p. 365.
9. John W. Bohnstedt, *The Infidel Scourge of God : The Turkish Menace as Seen by German Pamphleteers of the Reformation Era*, Transactions of the American Philosophical Society, N.S., vol. LVIII, nº 9, 1968, p. 44.
10. Jacob R. Marcus (éd.), *The Jew in the Medieval World : A Source Book, 315-1791*, 1938 ; reprint, Westport, Greenwood, 1975, p. 45.
11. Voir Oswald Spengler, *Le Déclin de l'Occident*, traduction française de Mohand Tazerout, Paris, Gallimard, coll. « Bibliothèque des Idées », 1948, t. I, p. 179 *sq.*, et t. II, chap. III (*NdT*).

12. Le pasteur Jim Jones dirigeait la secte californienne du Temple du Peuple, connue par le suicide collectif de ses adeptes en Guyana le 18 novembre 1978 ; David Koresh était le chef de la secte des Davidiens, massacrée par le FBI à Waco (Texas) le 19 avril 1993, après 51 jours de siège ; Meir Kahane, rabbin new-yorkais extrémiste, fondateur de la Ligue de défense juive et du parti israélien Kach, a été assassiné en 1990 (*NdT*).

13. Martin de Braga, *De correctione rusticorum*, XVI. Cité par Prudence Jones et Nigel Pennick, *A History of Pagan Europe*, Londres, Routledge, 1995, p. 92-93.

CHAPITRE 2

1. Le titre original, *What Went Wrong ?* [Qu'est-ce qui a mal tourné ?] a été adouci dans la version française (*NdT*).

2. *What Went Wrong ? Western Impact and Middle Eastern Response*, Oxford, Oxford University Press, 2002, p. 3 ; traduction française de Jacqueline Carnaud, *Que s'est-il passé ? L'islam, l'Occident et la modernité*, Paris, Gallimard, 2002, p. 9 (ici légèrement modifiée pour rétablir le sens précis de la question initiale).

3. *The Emergence of Modern Turkey*, 3ᵉ éd., Oxford, Oxford University Press, 2002, p. IX-X ; traduction française de Philippe Delamare, *Islam et laïcité. La naissance de la Turquie moderne*, Paris, Fayard, 1988 (où cette préface ne figure pas encore).

4. *Ibid.*

5. *Ibid.*

6. 2ᵉ éd., Le Caire, al-Hilal, 1899. J'ai découvert cet ouvrage, passé jusqu'alors inaperçu, dans un carton de livres destiné au pilon par la bibliothèque de droit de l'université Columbia. Je suis très reconnaissant à Muhammad Kassab pour les discussions nombreuses et fructueuses que nous avons eues sur son contenu.

7. Cf. p. 4-6.

8. *Ibid.*

9. Halil Inalcik, *The Ottoman Empire : The Classical Age 1300-1600*, New York, Praeger, 1973, p. 66.

10. *What Went Wrong ?*, *op. cit.*, p. 54 ; traduction française, *Que s'est-il passé ?*, *op. cit.*, p. 75.

11. Bryan Turner, *Weber and Islam*, Londres, Routledge & Kegan Paul, 1978.

12. Sauf la France, qui soutenait Méhémet-Ali (*NdT*).

13. L'imprimerie en caractères arabes s'est développée plus tôt chez les Arabes chrétiens, mais cela n'a guère eu d'impact, semble-t-il, sur leurs voisins musulmans.

CHAPITRE 3

1. Titre d'une célèbre chanson du chanteur de country Waylon Jennings, *Looking for Love in All the Wrong Places* (*NdT*).
2. Pour s'informer sur cet obscur épisode, auquel j'ai été personnellement mêlé, voir « CBS Evacuates from the Quagmire that Was "Saigon" », *Los Angeles Herald Examiner*, 22 octobre 1985.
3. Mark Twain (1835-1910) s'est rendu en Terre sainte en 1867 et rend compte de ses impressions dans *Les Innocents à l'étranger* (1869). Washington Irving (1783-1859) a visité l'Andalousie, qui lui a inspiré les *Contes de l'Alhambra* (1832). La parade annuelle du *Veiled Prophet* à Saint Louis a récemment fait l'objet d'un livre : Thomas M. Spencer, *The St Louis Veiled Prophet Celebration, 1877-1995*, University of Missouri Press, 2000. Sur la danseuse Little Egypt à l'Exposition universelle de Chicago de 1893, personnage qui semble tenir davantage de la légende que de la réalité, voir Donna Carlton, *Looking for Little Egypt*, International Dance Discovery, 1995 (*NdT*).
4. Le Middle East Supply Centre était une institution économique établie au Caire par les Britanniques, au départ pour gérer le commerce maritime et la distribution du ravitaillement dans la région, mais dont les compétences s'étaient vite étendues à de nombreux autres domaines (*NdT*).
5. Martin Kramer, *Ivory Towers on Sand : The Failure of Middle East Studies in America*, Washington, D.C., The Washington Institute for Near East Policy, 2001, p. 5-11.
6. Operations Coordinating Board, Washington, D.C., *Inventory of U.S. Government and Private Organization Activity Regarding Islamic Organizations as an Aspect of Overseas Operations*, 3 mai 1957 (déclassifié en 1991), p. 1-2. Je remercie Charles Kurzman et Herb Klagsbrun de m'avoir signalé ce document.
7. *Ibid.*, p. 4-5.
8. *Ibid.*, p. 5-6.
9. *Ibid.*, p. 9.
10. *Ibid.*, p. 14-15.
11. Kramer, *Ivory Towers on Sand, op. cit.*, p. 13.

12. Daniel Lerner, *The Passing of Traditional Society : Modernizing the Middle East*, New York, The Free Press, 1958. Le questionnaire se trouve dans l'Appendice A.

13. *Ibid.*, p. 82.

14. *Ibid.*, p. 13.

15. *Ibid.*, p. 83.

16. *Ibid.*, p. 4-7.

17. Carleton S. Coon, *Caravan : The Story of the Middle East*, New York, Holt, Rinehart, and Winston, 1951.

18. Lerner, *The Passing of Traditional Society, op. cit.*, p. 409.

19. *Ibid.*, p. XII-XIII.

20. *Ibid.*, p. 51-52.

21. *Ibid.*, p. 33-34.

22. *Ibid.*, p. 34.

23. *Ibid.*, chap. 7-8.

24. John C. Campbell, *Defense of the Middle East : Problems of American Policy*, New York, Harper, 1958.

25. *Ibid.*, p. 367.

26. *Ibid.*, p. 298.

27. Shoshanah Haberman (éd.), *Special Policy Forum Report : Combating the Ideology of Radical Islam*, The Washington Institute of Near East Policy, Policywatch #746, 10 avril 2003. Je remercie Barak Barfi d'avoir attiré mon attention sur ce rapport.

28. Le baseball, introduit au Japon pendant la période de l'occupation américaine, a fait l'objet d'un véritable engouement qui continue à ce jour. *Hello Kitty* est la célèbre poupée du groupe japonais Sanrio. Elvis Presley a joui d'une exceptionnelle popularité au Japon. Autant de symboles d'intérêt pour la culture américaine (*NdT*).

29. Campbell, *Defense of the Middle East, op. cit.*, p. 361-362.

30. John Brown, « The Purposes and Cross-Purposes of American Public Diplomacy », p. 6, <www.unc.edu/depts/archives_roll/2002_07-09/brown_pubdipl/brown_pubdipl.html>.

31. *Ibid.*, p. 8.

32. Discours à l'université de Californie, Los Angeles, le 2 avril 2003 ; adapté et diffusé par *Global Viewpoint* le 3 avril 2003 sous le titre « This Is World War IV ».

33. Programme des Nations unies pour le développement, Fonds arabe de développement économique et social [Nader Fergany *et al.*], *Rapport arabe sur le développement humain 2002*, New York, Programme des Nations unies pour le développement, Bureau régional des États arabes, 2002, p. 3.

34. *Ibid.*, p. 10.
35. Haberman (éd.), *Special Policy Forum Report : Combating the Ideology of Radical Islam*, op. cit.
36. *Ibid.*
37. *Ibid.*

CHAPITRE 4

1. New York, Columbia University Press.
2. Manjhan, *Madhumalati : An Indian Sufi Romance*, traduction anglaise d'Aditya Behl et Simon Weightman, Oxford, Oxford University Press, 2000, p. 1 et 5. Je tiens à remercier le professeur Frances Pritchett pour m'avoir fait connaître ce texte.
3. Pour l'Inde du Nord-Est, cette situation historique est décrite en détail dans Richard Eaton, *The Rise of Islam and the Bengal Frontier, 1204-1760*, Berkeley, University of California Press, 1993.
4. John R. Bowen, *Muslims Through Discourse*, Princeton, Princeton University Press, 1993.
5. *Ibid.*, p. 202-203.
6. Dans le chiisme, les Imams sont les descendants d'Ali, gendre du Prophète, qui occupent une position intermédiaire entre l'homme et Dieu. Selon la doctrine des chiites duodécimains (ceux qui croient qu'il y a eu douze Imams, c'est-à-dire la très grande majorité des chiites), le douzième et dernier Imam, nommé Muhammad, a disparu en 260 (873 de l'ère chrétienne), à l'âge de quatre ans, à la mort de son père Hasan al-Askari, le onzième Imam, et est devenu l'Imam caché, ou l'« Imam permanent jusqu'à la fin des temps ». Il mène depuis une vie surnaturelle et reviendra se montrer à l'humanité à la fin des temps, car il sera le Mahdi (Messie) (*NdT*).
7. Muhammad Nafik, « US Anti Terrorist Aid Should Help Moderates Not Military », *Jakarta Post*, 6 août 2002, <www.globalpolicy.org/wtc/targets/2002/0806jakarta.htm>.

APPENDICE

1. Cotton Mather a passé son diplôme en 1678 à 15 ans, Increase Mather en 1656 à 17 ans, John Adams en 1755 à 20 ans.

2. Nader Habibi, « Popularity of Islamic and Persian Names in Iran before and after the Islamic Revolution », *International Journal of Middle East Studies*, vol. 24, 1992, examine un échantillon de prénoms donnés aux enfants dans la ville de Hamadan de 1962 à 1987.

3. Le livre d'Ahmad Rajabzadeh *Tahlil-e Ijtima'i-ye Namgozari* [L'Analyse sociale du choix des prénoms], Téhéran, 1999, offre une étude plus étendue et plus fine des prénoms donnés dans les villes provinciales de Hamadan, Arak et Bushehr de 1921 à 1995. Il analyse séparément les choix effectués dans les campagnes des mêmes régions, et constate qu'ils sont plus conservateurs. Je n'ai pas pris en compte Bushehr parce qu'un facteur particulier vient compliquer ses résultats : les parents persophones et arabophones se comportent différemment.

4. Abbas Abdi, *Tahavol-e Namgozari-ye Kudakan-e Tehrani* [La Transformation du choix des prénoms des enfants de Téhéran], Téhéran, 1999, couvre la période 1966-1995.

BIBLIOGRAPHIE SOMMAIRE

ABDI, Abbas, *Tahavol-e Namgozari-ye Kudakan-e Tehrani* [La Transformation du choix des prénoms des enfants de Téhéran], Téhéran, 1999.

BOHNSTEDT, John W., « The Infidel Scourge of God : The Turkish Menace as Seen by German Pamphleteers of the Reformation Era », *Transactions of the American Philosophical Society*, N.S., vol. LVIII, 1968, n° 9.

BOWEN, John R., *Muslims Through Discourse*, Princeton, Princeton University Press, 1993.

BROWN, John, « The Purposes and Cross-Purposes of American Public Diplomacy », p. 6, <www.unc.edu/depts/archives_roll/2002_07-09/brown_pubdipl/brown_pubdipl.html>.

BULLIET, Richard W., *Islam : The View from the Edge*, New York, Columbia University Press, 1994.

BUSHTALI, Yusuf, *Hidyat al-Muluk fi Adab al-Suluk* [La Conduite des rois sur la bienséance du comportement], 2ᵉ éd., Le Caire, Al-Hilal, 1899.

CAMPBELL, John C., *Defense of the Middle East : Problems of American Policy*, New York, Harper, 1958.

COON, Carleton S., *Caravan : The Story of the Middle East*, New York, Holt, Rinehart and Winston, 1951.

EATON, Richard, *The Rise of Islam and the Bengal Frontier, 1204-1760*, Berkeley, University of California Press, 1993.

GIBBON, Edward, *Histoire de la décadence et de la chute de l'Empire romain*, 13 vol., traduction française de François Guizot, Paris, Ledentu, 1828.

HABERMAN, Shoshanah (éd.), *Special Policy Forum Report : Combating the Ideology of Radical Islam*, The Washington Institute of Near East Policy, Policywatch #746, 10 avril 2003.

HABIBI, Nader, « Popularity of Islamic and Persian Names in Iran before and after the Islamic Revolution », *International Journal of Middle East Studies*, vol. 24, 1992.

INALCIK, Halil, *The Ottoman Empire : The Classical Age 1300-1600*, New York, Praeger, 1973.

JONES, Prudence, et PENNICK, Nigel, *A History of Pagan Europe*, Londres, Routledge, 1995.

KRAMER, Martin, *Ivory Towers on Sand : The Failure of Middle East Studies in America*, Washington, D.C., The Washington Institute for Near East Policy, 2001.

LERNER, Daniel, *The Passing of Traditional Society : Modernizing the Middle East*, New York, The Free Press, 1958.

LEWIS, Bernard, *The Emergence of Modern Turkey*, 3ᵉ éd., Oxford, Oxford University Press, 2002 ; traduction française de Philippe Delamare, *Islam et laïcité. La Naissance de la Turquie moderne*, Paris, Fayard, 1988.

—, *What Went Wrong ? Western Impact and Middle Eastern Response*, Oxford, Oxford University Press, 2002 ; traduction française de Jacqueline Carnaud, *Que s'est-il passé ? L'islam, l'Occident et la modernité*, Paris, Gallimard, 2002.

MANJHAN, *Madhumalati : An Indian Sufi Romance*, traduction anglaise d'Aditya Behl et Simon Weightman, Oxford, Oxford University Press, 2000.

MARCUS, Jacob R. (éd.), *The Jew in the Medieval World : A Source Book, 315-1791*, 1938 ; rééd., Westport, Greenwood, 1975.

MATHEWS, Basil, *Young Islam on Trek : A Study in the Clash of Civilizations*, New York, Friendship Press, 1926.

OPERATIONS COORDINATING BOARD, WASHINGTON, D.C., *Inventory of U.S. Government and Private Organization Activity Regarding Islamic Organizations as an Aspect of Overseas Operations*, 3 mai 1957.

PROGRAMME DES NATIONS UNIES POUR LE DÉVELOPPEMENT, FONDS ARABE DE DÉVELOPPEMENT ÉCONOMIQUE ET SOCIAL [FERGANY, Nader, *et al.*], *Rapport arabe sur le développement humain 2002*, New York, Programme des Nations unies pour le développement, Bureau régional des États arabes, 2002.

RAJABZADEH, Ahmad, *Tahlil-e Ijtima'i-ye Namgozari* [L'Analyse sociale du choix des prénoms], Téhéran, 1999.

TOYNBEE, Arnold, *The Western Question in Greece and Turkey : A Study in the Contact of Civilizations*, Boston, Houghton Mifflin, 1923.

TURNER, Bryan, *Weber and Islam*, Londres, Routledge & Kegan Paul, 1978.

WOOLSEY, James, « This Is World War IV », *Global Viewpoint*, 3 avril 2003.

INDEX

TABLE

Composition et mise en page

NORD COMPO
m u l t i m é d i a

CET OUVRAGE
A ÉTÉ ACHEVÉ D'IMPRIMER
SUR ROTO-PAGE
PAR L'IMPRIMERIE FLOCH
À MAYENNE EN JANVIER 2006

N° d'éd. FU052101. N° d'impr. 64711.
D.L. : janvier 2006.
Imprimé en France